AI와 거버넌스 정치

인공지능총서

인공지능 시대입니다. 기계가 인간의 인지를 대신하고, 사물이 인간을 통하지 않고 다른 사물과 직접 커뮤니케이션합니다. 이에 따른 인간 삶과 문명 변화를 정확히 이해·예측·대응하는 것은 이 시대 우리 모두의 과제입니다. 인공지능총서는 인공지능 기술과 환경의 여러 주제를 10가지 키워드로 정리합니다. 관련 개념과 이론, 학계와 산업계의 쟁점, 우리 일상의 변화를 다룹니다. 인간과 기술의 현재, 미래를 세심히 분석합니다.

일러두기

- 인명, 작품명, 저서명, 개념어 등은 한글과 함께 괄호 안에 해당 국가의 원어를 병기했습니다.
- 외래어 표기는 현행 어문규정의 외래어표기법을 따랐습니다.

AI와 거버넌스 정치

정시구

대한민국, 서울, 커뮤니케이션북스, 2025

AI와 거버넌스 정치

지은이 정시구
펴낸이 박영률

초판 1쇄 펴낸날 2025년 2월 21일

커뮤니케이션북스(주)
출판 등록 2007년 8월 17일 제313-2007-000166호
02880 서울시 성북구 성북로 5-11
전화(02) 7474 001, 팩스(02) 736 5047
commbooks@commbooks.com
www.commbooks.com

ISBN 979-11-3707-240-6 03500

책값은 뒤표지에 표시되어 있습니다.

차례

AI 시대, 결국 정치적 문제다

인공지능(Artificial Intelligence, AI)이라는 용어는 1950년 영국의 암호해독자요, 수학자인 앨런 튜링(Alan Turing)이 가장 먼저 사용한 것으로 알려졌다. 그는 "기계가 인간처럼 생각을 할 수 있을까?(Can machines think like humans?)"라는 질문을 던졌다. 그는 기계가 인간처럼 자연스럽게 대화를 할 수 있다면 인간의 지능을 소유한 것이라고 봤다. 하나의 발상이 오늘날 인간의 일상에서 빼놓을 수 없는 엄청난 기술적 발전을 가져온 것이다.

생성형 AI뿐 아니라 사물인터넷(IoT), 빅데이터, 가상화폐, 드론, 가상현실(VR) · 증강현실(AR) · 혼합현실(MR), 3D프린팅, 블록체인, 자율자동차 등을 4차 산업혁명의 주역이라 할 수 있다. 이들은 정보와 지식에 기반을 둔 정보사회의 종말을 알리고 있다. 미국의 사회생물학자 에드워드 윌슨(Edward O. Wilson)은 오늘날 지구상 인간이 마주한 모든 문제의 원인이 다름 아닌 구석기 시대에 머문 인간 감정과 중세 시대에 머문 제도, 신의 경지에 도달했다고 할 정도의 기술 간의 불일치라고 말한다.

최첨단 기술은 원시적인 인간 감정을 마음대로 조작하는 지경에 이르렀는데, 이를 중재할 정치적 역량과 속도는 느려도 너무 느리다는 평가다. 이러한 급격한 변화 속에서 새로운 형태의 정치가 도래를 예고하고 있다. 분명한 것은 AI 시대에 걸맞은 거버넌스 정치를 갖추지 못하면 우리의 미래는 장담할 수 없다는 것이다.

지금까지 민주주의는 시대에 따라 끊임없이 논쟁해 왔을 뿐 아니라 이를 바탕으로 진화해 왔다. 민주주의에 대한 정치적 논쟁은 현재진행형이라고 할 수 있다. AI 거버넌스 정치는 왜 필요한가? 악의적 목적으로 AI 기술이 사용될 수 있기 때문이다. 예를 들어 AI 기술은 위조 콘텐츠를 생성해 혼란을 일으키거나 피싱 공격에 사용될 수 있다.

AI의 부작용과 문제점에 법제적으로 대응해 새로운 도전에 대비할 뿐 아니라 문제점을 극복하기 위한 가장 효과적인 정책과 규제 도입이 필요하다. 예를 들어 미국은 경제 스파이법을 통한 기술 보호가 매우 엄격하다. 우리도 기술 유출에 대한 심각성을 인지하고 기술 경쟁력의 담보를 위한 산업 스파이에 대한 엄중한 처벌이 필요하다.

이를 위해 지식재산 범죄에 대한 양형 기준의 상향, 피해액 처벌과 연동한 처벌 가중 요소 반영, 피해 배상 책임 부여, 그리고 기술 유출 대가로 취한 이득에 대한 몰수 대상의 확대 방안 등을 고려해야 한다. 이러한 법제적 대응은 AI의 발전에 따른 부작용과 문제점을 줄이고 기술의 긍정적 측면을 강화해 나갈 수 있는 중요한 역할을 할 것이다. 법률과 규제는 기술의 안전성, 공정성, 그리고 윤리성을 보장하는 핵심 도구로 활용되어야 한다.

대의민주주의 위기감

산업혁명 이후 대의민주주의는 민주주의의 근간이 되었지만 대의민주제에 대한 불신과 함께 시민들의 직접적인 참여 욕구는 나날이 높아져 왔다. 선진국의 대의민주제에 대한 비판은 '민주성 결핍(democratic deficit)'이라는 개념으로 요약된다. 대의민주제의 민주성 결핍에서 핵심은 엘리트를 중심으로 한 정치 행정이 주인-대리인이라는 관계를 망각하고 자신들만의 게임에 몰입하면서 정치 과정에서 시민의 좌절감과 국가기관의 국정에 대한 불신을 증폭시켜온 데 있다.

이러한 정치적 소외와 불신은 정치 무관심과 전통적

형태의 투표와 같은 정치 참여 감소로 연결되면서 '축소 민주주의'와 함께 국가적 권위와 정당성의 위기로까지 이어지고 있다. 민주성 결핍의 구체적 양상과 원인은 일반적으로 시민 대표의 실패, 숙의민주주의의 실패, 시민과 대표 간 정치적 협력 실패, 그리고 대중의 참여 증대 위험성 등 네 가지 문제점으로 요약할 수 있다. 이러한 문제점에 AI가 어떻게 대응하고 문제 해결에 기여할 수 있는지에 대한 관심이 쏠리고 있다(엄석진, 2021).

첫째, 시민 대표의 실패란 선출된 시민 대표가 시민의 뜻에 충실한 대리인으로 행동하지 않고 자신의 이익을 추구하거나 어떤 이익집단의 대표로 행동하는 것을 의미한다. 시민들이 대리인의 책임을 점검할 수 있는 제도와 절차는 미흡하다. 민주주의의 꽃이라고 하는 선거의 의미도 퇴색했을 뿐만이 아니라 임명직 관료들에 대한 책임성 확보도 현실적으로 어려운 상황이다.

이러한 현대 정치의 한계에서 돌파구를 모색하는 과정에서 AI는 최종적으로 공익적 결정 권한이 없는 중간 지위의 판단자와 공익적 결정 권한이 있는 주체 모두에게 유용할 수 있다. AI에 의해 제공된 정보로 가부를 결정하는 실시간 국민투표를 실행할 수 있는 기술적 발전이 기대되기 때문이다. 다만 가부를 결정하는 의제 선정을 사람이 아닌 AI가 담당하기 때문에 실질적으로 AI가 인간을 지배하는 상황으로 변질될 위험성도 매우 크다 (조원용, 2018).

둘째, 숙의민주주의의 위기란 정제되고 사려 깊은 선호보다는 충동적이고 맥락 의존적인 방향으로 민주주의가 흘러가는 것을 말한다. 대의민주주의에서 일어나는 토론은 피상적일 뿐 아니라 지식과 정보의 결핍 속에서 경솔하게 일어날 수 있다. 특히 정책보다 디지털 미디어에 비추어진 이미지에 입각하거나 AI에 의해 조작된 투표가 발생해 정책에 대한 원칙과 방향이 숙의보다 AI의 가짜 뉴스에 따른 오류를 양산해 낼 가능성이 크다.

셋째, 대의민주제 하에서 시민과 대표 간 정치적 협력 실패란 대표를 선출하는 시민의 역할과 정책 결정 및 집행을 담당하는 정치적 대표와의 심각한 비협력적 결과로 나타난다. 그 때문에 정작 주인이라고 하는 시민들은 정책 결정과 집행에 참여하기 쉽지 않고, 정치에 냉소적 태도를 갖게 된다. 결과적으로 시민은 정치에서 소외되고 그 자리에 AI 기반의 선거 전문가, 여론조사 기관, 정치 평론가 등이 정책 과정에 참여해 예상치 못하는 결과를 가져올 수 있다.

넷째, 대중의 참여 증대 위험성이란 대중 참여 증대가

민주주의의 강화보다는 오히려 대중적 독재와 같은 자의적 권력 행사로 이어질 위험성을 의미한다. 대중의 참여로 시민들은 새로운 종류의 참여 기회를 제공받고 더 많은 권한을 부여받게 될 것이다. 그러나 참여 자체에 시간적, 경제적 비용이 발생할 뿐 아니라 AI의 여론 조작으로 적절한 합의를 보장할 수 없다.

정보 기술을 활용한 민주주의 혁신

정보 기술을 활용한 민주주의 혁신은 정보 기술 및 인터넷을 통해 참여 비용을 줄이는 동시에 숙의와 합의를 촉진해 대의민주주의의 문제점을 극복하는 것이다. AI와 데이터, 클라우드 컴퓨팅, 사물인터넷 등의 활용으로 확대되는 지능정보사회에서의 민주주의도 디지털 혁신의 중요한 분야로 관심을 받고 있다. 디지털 기술의 활용으로 개인 간 연결성의 확대, 지식과 정보의 연결, 집행 행동을 위한 조정 비용 등의 감소 효과를 기대할 수 있다.

시민들도 AI와 정보 기술을 활용해 각종 정보와 상황을 더욱 신속하고 정확히 해석하고 판단할 것으로 예상된다. 또한 정부, 시민, 기업 간 존재하는 정보의 비대칭성이 약화할 가능성도 있다. 다양한 이해관계자들은 온라인 플랫폼에 참여함으로써 공공 문제를 상호 협력하며 진단하고 논의할 수 있을 것이다. 플랫폼 참여자들의 의견과 행태에 대한 정보를 AI로 분석해 협력 가능성과 조건을 색출할 수 있을 것이다(엄석진, 2021).

AI 시대 민주주의에 대한 긍정론에도 불구하고 AI 시대 민주주의의 한계를 지적한 비관론도 만만치 않다. AI는 인간의 이기적 자아, 알고리즘을 통한 인간적 권위 대체, 로봇에 의한 인간 노동 대체 등으로 인간으로부터 자유의지, 정신, 직관, 자율성을 박탈해 인간의 존엄성을 쇠퇴시킬 수 있다.

인간의 평등이라는 측면에서 AI는 공정한 사회 건설에 기여할 수 있을 것이다. 그러나 AI가 가진 편향성 때문에 성별·인종·사회계층에 따라 차별을 심화해 사회적 불평등을 낳을 수 있다. 정치 과정의 자동화는 정치 권력 축을 인간으로부터 AI로 이전시켜 알고리즘 권력이 등장하는 알고리즘 민주주의를 전망하게 된다.

알고리즘 민주주의는 데이터주의 및 데이터 정치를 특징으로 하고 민주주의의 규범적 기초라고 할 수 있는 자율성을 훼손시키며 정치인의 역할을 감소시킨다. 그리고 정치 활동을 수동적으로 만들며 딥페이크·마이크로마케팅을 통해 '탈진실'을 가속화할 뿐 아니라 여론 형성과 선거 과정을 왜곡해 민주주의를 위협한다.

다시 말해 언어를 처리하는 AI의 지속적인 발전과 힘의 증대가 동시에 위험의 증대를 수반하는 것은 아닐까 하는 의구심을 해결하기란 어렵다. 능숙하게 우리의 언어를 구사하게 된 생성형 AI가 몇 년 전부터 세계적으로 이야깃거리가 된 문제 '가짜 뉴스'의 생성과 유포를 한층 더 활성화할 것이라는 우려 역시 존재한다.

AI는 실질적인 민주주의보다는 절차적인 민주주의에 초점을 맞추고 데이터주의에 매몰됨으로써 디지털 독재라는 함정에 들어갈 가능성이 높다. 알고리즘은 인간의 감정과 마음을 조정할 수 있고, 모든 개인들을 지속적으로 관찰하는 조지 오웰적 감시 체제를 양산할 것이다. 또한, 알고리즘은 소수의 엘리트 계층에게 통제권을 부여할 가능성이 높기 때문에 새로운 형태의 권위적인 지배양식이 등장할 수 있다.

AI 거버넌스는 오늘날 대의민주주의의 문제점을 극복하고 정치에 시민들이 적극 참여케 해 민주주의를 회복시키느냐 아니면 데이터 엘리트집단에 의해 디지털전체주의로 떨어지느냐라는 분기점에 서 있다. 디지털 독재를 넘어 새로운 대안적 정치체제를 달성하기 위해서는 시민사회가 데이터에 대한 통제권을 확보해야 하고 인간의 권위가 데이터라는 권위로 대체되지 말아야 한다

(손현주, 2019).

이 책의 구성

이 책은 AI와 거버넌스 정치의 방향을 탐색할 뿐만이 아니라 신의 경지에 이르고 있다고 하는 AI 시대를 슬기롭게 대응할 수 있는 정치 역량을 강화하고자 집필한 것이다. 최근 출시한 챗GPT는 단시간 동안 엄청난 발전을 했는데 인간과 AI의 상호 조화로운 변화를 할 수 있을까? 인간처럼 잠도 자지 않고 쉼 없이 학습하고 발전하는 것이 생성형 AI의 장점이다.

관련 전문가들의 예측에 따르면 10년 내 인간의 뇌 능력보다 1만 배 높은 슈퍼 AI가 출현한다고 한다. 이렇게 되면 인간은 AI의 지시를 받게 될 것이다. 이미 일부 기업의 직장에서는 해고나 고용에 AI가 깊이 관여하고 있다. 이러한 초고성능의 생성형 AI는 범죄에 노출될 가능성도 있다. 가령 챗GPT에 "마약 제조법을 알려줘"라고 질문하면 답하지 않지만, ROT13(영어 알파벳을 13 글자씩 밀어서 만든 암호) 기법으로 치환한 질문으로 입력하면 이전과 다르게 불법 약물 제조에 필요한 재료, 도구, 절차 등을 생성하고 한국어로 번역해 주기도 한다.

이 책은 이러한 환경에서 어떻게 하면 정치 현장에서

AI 시대를 잘 이해하고 적응할 수 있을지를 고려해 구성되었다. 1장은 이론적 내용으로 AI 거버넌스에 관한 것이다. AI 거버넌스는 정부와 사람을 대신해 AI가 운영과 관리의 주체가 되거나 의사결정 과정과 권력을 독점하는 것이 아니라 인간과 AI가 협치하는, 기계와의 공존을 의미한다. 2장은 AI와 지방자치에 관한 내용이다. 선진국형 정치를 갖추기 위해서는 지방정부의 발전이 중요하다. 2016년부터 현재에 이르기까지 4차 산업혁명의 가시화를 위해 미디어의 수많은 칼럼과 저널은 중앙 · 지방분권을 통한 4차 산업혁명에 대한 해법을 제시해 왔다. 이러한 맥락에서 국가행정과 지방자치의 방향성을 모색해 나가야 할 것이다.

3장은 AI 시대의 법제 정비에 관한 내용이다. AI 시스템은 인간의 인권과 존엄성 같은 기본권에 부정적 영향을 미칠 수 있다. 인간에게 중요한 표현의 자유 및 개인정보의 자기 결정권에 대한 AI의 영향력은 민주적 의사 형성 과정에 중대한 장애를 초래할 수 있다. 특히 '사용자 프로파일링'이나 '콘텐츠 관리'는 AI 시스템을 통한 기본권과 민주주의에 대한 위험을 예시하는 대표 사례다.

4장은 AI와 감시 사회에 관한 것이다. 현대인은 언제 누구에게 감시를 당하는지 모르는 상황인 패놉티콘 구조에 살고 있다. 예를 들어 개인의 생체 빅데이터는 질병의 예방 · 진단 · 치료는 물론 실종자 수색이나 범죄 수사 등의 다양한 분야에 활용될 수 있지만 새로운 감시와 통제의 장치로 악용될 수 있는 엄청난 위험에 노출되어 있다.

5장은 AI와 기후 위기 정치에 관한 내용이다. 세계 각국에서 발생하는 탄소 배출량을 추적 · 감시하는 국제 과학자 단체 '글로벌카본프로젝트'(GCP)의 최근 발표 자료를 보면 한국은 2년 연속 탄소 배출 세계 10위 국가라고 한다. 기후 위기와 AI 기술은 모두 급격한 변화를 일으키는 데, 이 변화는 사회, 경제, 환경 등 광범하게 영향력을 미치는 심각한 사안이다.

6장은 AI 시대 시민운동을 다룬다. AI의 지능 정보 기술을 통해, 시민의 정치 참여에 대한 효율성과 반응의 개선을 꾀해 본다. 민원데이터 분석을 통한 정책 문제 탐색, 정책 문제 해결을 위한 공론화 및 시민 욕구 해소, 부처별 정책 현안 대응 및 제도 개선으로 연결되는 디지털 민주주의의 기반을 조성하는 새로운 AI 시대다.

7장은 AI와 재생에너지 정책을 다룬다. 신재생에너지 발전원 중 비중을 많이 차지하는 태양광 발전은 태양광을 전기에너지로 전환하는 설비로 범용성이 높아 주목받고 있다. 그러나 기상에 큰 영향을 받으므로 이를 효율적으로 사용하기 위해서는 신뢰성 있는 예측이 필요하다. 따라서 태양광 발전량 예측 연구가 중요해지고 있고 안정적인 전력계통 운영을 위해서는 기상 변화에 따라 변하는 발전량을 예측할 수 있는 시스템이 수반되어야 한다.

8장은 AI 저널리즘과 사이버 안보에 관한 내용이다. AI 알고리즘은 개인의 취향을 분석하고 이에 적합한 정보를 제공한다. 개인에게 맞춤형으로 제공된 정보는 개인을 이미 형성된 편협적인 정보로 더욱 치우치게 할 것이다. 가령 기후 변화에 대한 잘못된 정보와 관련한 유튜브 영상을 시청했던 경험이 몇 번씩이나 있다면 그와 비슷한 영상이 지속적으로 개인에게 제공된다. 또한 사이버 공간에서의 국가안보 위협이 커지고 있다.

9장은 AI의 페이크 뉴스를 다룬다. AI의 산물인 딥페이크는 진짜처럼 착각할 만한 가짜 영상을 만들기 위해 총력을 다해 이미지와 동영상을 합성하고 조합해 대체 첨가한다. 조작된 매체로부터 실제적으로 판단할 수 없는 허위 영상을 누구나 컴퓨터로 위조할 수 있다. 최근 각종 현안에서 정치인을 이용한 딥페이크가 가짜 뉴스로 활용되어 여론 조작에 이용되고 있다.

마지막 장은 ESG에 AI 접목하는 기관 · 기업에 관한 내용이다. 최근 기업들은 챗GPT 등장 이후에 전개되는 AI 열풍을 타고 ESG(환경, 사회 지배 구조) 경영에 큰 관심을 가지고 있다. 기업 ESG 평가에 AI를 활용할 뿐 아니라 탄소 감축이나 사회 공헌 활동에 AI 기술을 접목하는 사례가 증가하고 있다. AI가 우리 사회의 ESG 전환 속도 가속에 큰 변수로 작용하고 있다는 의미다. 데이터 엘리트집단에 의한 디지털 전체주의로의 변화가 일어날지도 모를 분기점에서 대의민주주의의 문제점을 극복하고 정치에 시민들이 적극 참여케 해 민주주의를 회복 · 발전하고 밝은 21세기를 맞이하기를 바란다.

참고문헌

손현주(2019). “인공지능 거버넌스와 민주주의의 미래”.≪사회사상과 문화≫, 22권 2호, 305~349.

엄석진(2021). “인공지능 시대의 민주주의와 행정: 「국민신문고」 민원시스템 고도화 사례를 중심으로”. ≪한국행정연구≫, 30권 2호, 35~63.

조원용(2018). “대의제 국회 입법과정에서 인공지능(AI)의 역할: 공익의 ‘발견’과 ‘결정’을 중심으로”. ≪가천법학≫, 11권 3호, 49~80.

한국행정연구원(2020). “온라인 시민소통 및 참여 플랫폼의 역할과 한계: 청와대 국민청원 제도 운영 성과 및 개선방안”. 한국행정연구원 이슈페이퍼.

Eom, S. J., Hwang, H. & Kim, J. H.(2018). "Can social media increase government responsiveness? A case study of Seoul, Korea". *Government Information Quarterly, 35*(1), 109~112.

Reddick, C. G., Chatfield, A. T., & Ojo, A.(2017). "A social media text analytics framework for double-loop learning for citizen-centric public services: A case study of a local government Facebook use". *Government Information Quarterly, 34*(1), 110~125.

Sun, T. Q. & Medaglia, R.(2019). "Mapping the challenges of Artificial Intelligence in the public sector: Evidence from public healthcare". *Government Information Quarterly, 6*(2), 368~383.

01
AI 거버넌스

생성형 AI 거버넌스의 성장과 확산 속도가 전에 없이 빠르다. 이러한 변화의 바람 앞에 AI는 선택이 아닌 필수가 됐다. 생성형 AI의 발전으로 중앙정부, 지방정부, 기업, 시민사회 등의 거버넌스 정치는 빠르게 가속화하고 있다.

인간과 AI의 협치

4차 산업혁명에 대한 논의는 2011년 독일 하노버에서의 '산업 4.0(Industry 4.0)'로 시작되었고, 2016년 1월 스위스 다보스에서 개최된 세계경제포럼(World Economy Forum, WEF)에서 '4차 산업혁명 시대의 도래'를 공표함으로써 4차 산업혁명 개념화에 관한 논의가 본격화했다. 동년 3월 알파고와 이세돌 9단과의 바둑 대국 후 국내에서도 AI에 대한 관심이 집중되기 시작했다. 더욱이 스티븐 호킹, 일론 머스크와 같은 세계적 학자와 CEO를 비롯한 해외 각종 매체들은 향후 AI의 부상이 인류의 장기적 생존에 위협이 될 것이라고 내다봤다.

AI 거버넌스는 정부와 사람을 대신해 AI가 운영과 관리의 주체가 되거나 의사결정 과정과 권력을 독점하는 것이 아니라, 인간과 AI의 협치, 즉 기계와의 공존을 의미한다. AI 거버넌스에서 더욱 중요한 것은 시민 참여의 폭을 넓히고 시민들의 요구 사항에 대한 맞춤형 정치를 목표로 AI와 협력적 의사결정을 하며 정치를 추진하는 것이다. AI 거버넌스의 주체는 AI 시스템, 정치인(국회의원, 지방의회 의원, 정당인), 공무원, 기업, NGO, 시민 등으로 구성된다. 누구나 AI 프로그램에 접근할 수 있으며 국가와 지역의 중요 의제에 대해 직접 논의할 수 있다. AI 거버넌스는 기존 대의제 정치와 비교해 시민의 참여를 훨씬 높일 수 있을 뿐 아니라 기존 대의제 정치에서 언급할 수 없는 의제를 직접 취급할 수 있다.

다시 말해서 AI 거버넌스는 AI로 대표되는 신기술의 차별화된 위험 특성을 규명하고, 위험의 사전 관리적 관점과 사후 통제적 관점을 통합적으로 아우르는 것을 의미한다. 그런데 변화의 속도가 너무 빠르기 때문에 딥러닝, IBM 왓슨과 같은 빅데이터 AI와 슈퍼로봇과 인간능력증강 AI 등은 역사적 뒤안길로 사라지게 된다. 그럼 무엇이 나타나는가? 스스로 판단하고 솔루션을 제시하거나 감정 교류가 가능한 AI가 등장한다.

이러한 맥락에서 AI란 '인간의 개입이 없이 주어진 환경 안에서의 반응 능력'이라 할 수 있다. AI는 인지, 학습, 그리고 결정에 이르는 모든 과정에서 인간 지능의 일부 또는 전부를 구현할 수 있다. AI의 핵심은 알고리즘과 데이터다. 다시 말해 설계된 알고리즘에 의해 부여된 데이터가 가진 규칙과 패턴을 분석하고, 데이터를 스스로 학습해 패턴에 대한 인식과 판단으로 스스로 결정을 내리는 것이다(선지원, 2022).

그동안 AI 관련 국내외 담론은 '낙관론'과 '비관론'을 중심으로 발전했다. 낙관론은 미래 기술을 산업 재편과

신성장 동력으로 바라보는 입장이다. 낙관론의 근거로는 기술 발달에 의한 생산성의 향상, 일자리의 변화, 삶의 질 향상 등이 있다. AI를 둘러싼 비관론의 근거로는 약한 AI의 자동화 출현으로 일자리가 감소한다는 문제부터 강한 AI에 의한 인류 종말 우려에 이르기까지 다양하다.

AI는 그 자체로 기술 진보라는 큰 가치를 지니지만 산업적으로 보면 다양한 산업 분야에 응용됨으로써 각종 산업의 분야에서 생산하는 상품 및 서비스에서 부가가치를 확대시키는 역할을 하게 된다. 즉, AI는 하나의 단순한 신기술만의 의미를 가진 것이 아니기 때문에 인간사회와 모든 산업을 전반적으로 변화시키는 범용기술(General Purpose Technology, GPT)이라고 할 수 있다. AI는 다양한 산업과 기술과 융합해 사회 전반의 혁신을 유발할 뿐 아니라 광범한 사회 · 경제적 파급력을 지닌다.

AI를 사용하는 영역은 보안, 의료(헬스케어), 국방, 에너지, 금융, 법률서비스, 농수산업, 제조, 이커머스(e-commerce), 모빌리티(비행기 · 자동차 · 선박 등), 교육, 문화 · 예술, 도시, 복지, 미디어, 스포츠 등 다양하다. 따라서 AI를 활용하는 분야별로 어떤 문제점이 발생하고 있는지도 파악하는 것도 중요하다. 또한 AI 사용이 국가 및 지방자치 단체에 중대한 영향력을 미치는 경우도 있다. 이러한 다양한 문제점을 숙지하지 않고 일률적으로 정책 결정을 해서는 안 될 것이다.

그렇기 때문에 거버넌스의 측면에서 AI 기술 자체의 정책을 구축하는 일과 개별 영역에서의 AI 활용으로 발생하는 결과를 고려해 정책을 구축하는 일을 조직적으로 혹은 내용적으로 선별해야 한다. AI의 세부 영역에서 다양하게 발생할 수 있는 부가가치를 인식하고 각 영역에 맞는 적절한 대응을 해야 한다.

각국의 AI 거버넌스 전개

AI 기술은 향후 환경, 보건, 공공 정책, 금융 및 농업 분야에 다양한 경제 및 사회적 혜택을 가져올 것으로 전망되지만 동시에 차별을 야기하기도 하다. AI가 인간의 존엄성, 표현의 자유, 개인 데이터 및 프라이버시권을 침해할 수 있다는 우려가 존재한다. 이러한 가운데 미국, 영국, 유럽연합, 일본, 중국 등이 AI 관련 국제 거버넌스 논의를 주도하고 있으며, 국내에서도 입법을 마련하기 위한 논의가 급속도로 이뤄지고 있다.

유럽연합(EU)은 2023년 12월 8일 AI 법안에 합의함으로써 세계 최초로 AI 기술을 규제하는 포괄적 AI 규제법을 마련하게 되었다. EU집행위원회, 유럽의회 및 27개국의 EU 회원국 간의 논의를 통해 이뤄진 합의안은 유럽의회와 이사회의 승인을 받기 위해 준비하고 있다. 동 법안은 AI 기술 위험을 4등급으로 분류해 차등적 규제를 적용하고 있으며 규정을 위반한 기업에 대해서는 최대 3500만 유로 또는 세계 매출 7%에 해당하는 거액의 과징금을 부과할 수 있도록 되어 있다. 그만큼 기업의 책임이 크다는 것을 알 수 있다.

영국은 AI 등 신기술 관련 법과 제도, 전략을 의회 산하 과학기술위원회(The Science Technology Committee)에서 담당한다. 이곳은 과학적 근거로 조사와 자문을 하거나 위험 요인에 대한 정책을 수립한다. 뿐만 아니라 영국 내각의 기업혁신기능부 내 정부과학국은 AI와 새로운 과학기술에 관한 정책이나 사업 등을 총괄한다. 정보과학국 소속 국가과학기술자문위원장은 각 부처의 과학기술자문위원(Chief Scientific Adviser, CSA)과 연합해 과학연구그룹(Science and Research Group)의 형성, 범 부처를 대상으로 한 최신 기술 발전에 관한 정책을 자문한다.

미국의 AI 정책 거버넌스 체계는 백악관을 중심으로 국가 우선순위 대상을 선정하며, 범부처의 R&D 프로그램을 통해 부처 간의 미션을 비롯한 업무 조정과 협력을 유도한다. 대통령실 산하에 과학기술정책 자문을 수행하는 '과학기술정책실'과 '대통령과학기술민간자문위원회(President's Council of Advisors on Science and Technology, PCAST)'가 설치되어 있다.

일본은 2023년 5월 히로시마에서 개최된 G7정상회의를 시작으로 추진해 온 '히로시마 AI 프로세스'를 통해 첨단 생성형 AI 개발 조직에 대한 이행 원칙(Guiding Principles)과 행동규범(Code of Conduct)을 합의했다고 10월 30일 발표했다. 이로써 AI 개발 기업을 대상으로 한 첫 국제 규범이 마련되었다고 볼 수 있다. 이 행동규범은 OECD의 AI 원칙에 기초한 11개 항목으로 구성되었으며 인권, 법의 지배와 민주주의 가치를 지키기 위해 기업 차원에서 AI의 위험성을 주기적으로 식별 및 완화하기 위한 적절한 조치를 취하도록 하고 있다. 이 규범에 강제성은 없지만 국가 간 합의에 기초한 것으로서 향후 국제 거버넌스 체제의 기준이 될 것으로 평가받는다. 또한 일본은 OECD와 협력해 G7 정상들을 대상으로 2023년 6월 실시한 설문조사를 통해 생성형 AI의 기회와 위험에 관한 각국의 입장과 정책을 정리했다.

이와 같이 세계 선진국을 중심으로 AI에 대한 신기술

관리 거버넌스 체계를 구축하고 있으며 법 · 제도적으로는 강성법과 연성법 두 가지 방식으로 위험관리를 추진하고 있다. EU와 영국은 의회와 행정 정부 각각 AI 기술 위험 대비 법 · 제도 정비와 관련 정책 및 사업을 추진하고 있고, 미국은 백악관 중심으로 범부처와 기관이 협력적 거버넌스를 형성하고 있다.

우리나라의 윤석열 대통령도 디지털 모범 국가의 방향성을 제시한 '뉴욕 구상'을 시작으로 2023년 1월 스위스 다보스 포럼에서 글로벌 AI 규범 마련의 필요성을 강조했고 동년 6월 프랑스 소르본대학교에서는 '파리 이니셔티브'를 통해 글로벌 AI 규범 마련을 위한 국제기구 설치를 제안하는 등 AI와 디지털 규범 형성 과정에 적극적으로 기여할 것을 강조했다. 또한 윤 대통령은 국내에서 2023년 9월 발표한 '대한민국 인공지능 도약 방안'과 '디지털권리장전'을 동년 11월 영국이 주최한 AI 안전성 정상회의(AI Safety Summit)에서 각국 정상과 공유하기도 했다. 한국은 2024년 5월 진행된 AI 정상회의 공동 주최국이 되었다. 향후 한국이 AI 거버넌스 구축에 더 핵심 역할을 맡게 될 것이 기대된다.

AI 거버넌스에 관해 '권리에 기반한 접근'과 '위험에 기반한 접근' 등 여러 접근법에 대한 논의가 있었으나 향후 AI 시스템의 '리스크'에 초점을 두고 논의가 전개될 가능성이 더 높아졌다. 즉, 개인의 권리에 미치는 결과에 초점을 두기보다 개발 단계부터 위험성을 줄이고 완화하는 방향으로 규제하는 것이 더 효과적이라는 입장이 지배적이다. 히로시마 행동규범도 이러한 위험에 기반한 접근법을 따르고 있어 기업 차원에서 적극적으로 리스크에 대한 영향 평가를 실시할 것을 권고하고 있다(남승현, 2023).

AI 거버넌스의 정치 활동

AI 거버넌스는 정치 활동 자동화와 정책 수립, 정책 실행에서의 자동화를 의미한다. 이는 지능 기술인 AI를 통한 정치 과정의 알고리즘 민주주의로 발현된다. 알고리즘 민주주의는 데이터주의(dataism)라는 중심 이데올로기 및 데이터 정치를 특징으로 지닌다. 데이터는 인간이 가진 감정과 이데올로기를 어느 정도 여과함으로써 투명하고 신뢰할 수 있는 시각을 제공할 수 있다. 그렇기 때문에 데이터는 20세기의 통계학이 누렸던 위상과 동일하게 인간에게 21세기의 예측이나 통찰력을 준다(손현주, 2019).

일반 시민들은 자기 학습을 위해 웨어러블 디바이스

를 몸에 장착하며 그것에 근거한 사회복지 혜택이나 건강 프로그램을 적용받기도 한다. 세금도 이러한 활동에 근거해 부과될 것이다. 정부는 시민들을 위해 피트니스 트래커를 제공·운영하는데, 관련 데이터의 수집을 통해서 건강보험이나 기타 사회복지의 서비스 범위와 정도가 결정된다. 이것은 자발적 정치 참여라기보다 강요된 정치 참여라고 할 수 있다. 어쩌면 AI는 강요된 정치 참여를 유도하는지도 모른다. 강요된 정치 참여는 자율성이 저하된, 즐겁지 않고 어쩔 수 없이 하는 활동으로 전환된다. 그렇다면 AI 거버넌스에서의 정치적 행위는 시민을 정치의 주체라고 할 수 없게 만든다. 시민은 다만 끊임없는, 일방적인 정보 제공자 또는 데이터 제공자가 될 뿐이다. 결국은 알고리즘 민주주의에서는 민주주의의 규범적 기초라고 할 수 있는 자율성이 크게 훼손될 수 있다. AI가 모든 결정을 하게 되면 민주주의의 의미는 기능적, 절차적 측면이 강조될 수밖에 없을 것이다.

또한 AI는 유권자에 대한 철저한 감시를 통해 선거운동부터 개인의 감정까지 정치적 영향력을 미칠 수 있다. 빅데이터 알고리즘은 유권자의 정치적 취향을 먼저 파악해 선거 결과를 신속하게 예측할 것이다. 이러한 AI의 분석을 투표 전에 알게 되면 가짜 뉴스는 물론이고 다양한 형태의 편협적 선거 유세와 선거 광고가 창궐할 수 있다.

그뿐만 아니라 유권자의 동의 없이 제3자에게 정치 성향을 파악한 내용이 상업적으로 이용될 수 있다. 유권자는 데이터의 영향력에서 자유롭지 못하다. 이와 같이 AI의 여론 형성에 끼치는 영향은 일종의 '탈진실(post-truth)'이라고 할 수 있다. 탈진실 개념은 진실이나 사실이 중요하지 않은 시대적 상황을 대변한다. 이러한 AI 거버넌스 정치의 실체를 파악하는 일이 우선시 되어야 한다. AI 시대에서도 시민이 정치 주체로 되기 위한 길을 모색해 나가야 할 것이다.

참고문헌

강태우·정성진·오태원(2023). "신경윤리학의 법정책적 거버넌스 정립 위한 「뇌연구촉진법」 개정에 관한 소고(小考)". ≪과학기술연구≫, 29권 1호, 35~70.

남승현(2023). "최근 국제인공 거버넌스 논의 동향: EU인공지능 법안을 중심으로". ≪IFANS주요국제문제분석≫, 2023권 38호, 1~30.

선지원(2022). "인공지능 생애주기의 관점에서 본 규제와 거버넌스". ≪연세법학≫, 39호, 1~31.

손현주(2019). "인공지능 거버넌스와 민주주의의 미래". ≪사회사상과 문화≫, 22권 2호, 305~349.

유순덕(2024). "인공지능 서비스 거버넌스 연구". ≪한국인터넷방송통신학회 논문지≫, 24권 2호, 15~21.

Lim, H.(2022). *Study on the revision of copyright law on artificial intelligence.* Soongsil University Graduate School master's thesis.

Hoffmann-Riem, W.(2020). "Artificial Intelligence as a Challenge for Law and Regulation". in T. Wischmeyer & T. Rademacher(eds.), *Regulating Artificial Intelligence.* Cham, Switzerland: Springer. 1~29.

Erdélyi, O. J. & Goldsmith, J.(2022). Regulating artificial intelligence: Proposal for a global solution. *Government Information Quarterly, 39,* 1~13.

02
AI와 지방자치

학자들과 전문가들은 4차 산업혁명이 AI와 ICT/Mobile ICT라는 정보통신 기술의 결합을 통한 인간과 사물 간의 초연결을 구현하는 초연결 사회 구축과 지능정보화 · 지능정보사회로 흘러가고 있다고 본다. 국가행정과 지방자치를 위한 지능정보화의 방향성을 타진하고자 한다.

4차 산업혁명과 코로나19 팬데믹

역사적으로 볼 때 1차~4차 산업혁명의 진행주기는 점차 단축되고 있으며, 그 진행 속도 역시 점점 빨라지고 있다. 최근 우리는 세계적으로 4차 산업혁명과 함께 코로나19 팬데믹 현상을 동시에 경험했다. 역설적이지만 코로나19 팬데믹은 최근 경제사회 양상에 큰 변화를 초래하면서 4차 산업혁명을 더욱 확산시키고, 지능정보화를 촉진하고 있다.

지금은 마무리되었지만, 코로나19 팬데믹 시기 우리는 개인적 업무 처리 및 용무를 위해 건물을 출입할 때 열 감지기를 통과해 체온 측정을 하며 출입명부에 기록을 하거나 각종 SNS를 통해 QR코드 인증 절차를 마쳐야 비로소 건물 진입이 허용되는 일련의 절차를 거쳤다. 코로나19 팬데믹은 비즈니스는 물론 교육 분야에서도 큰 파급력을 보여 주었다. 회사원의 온라인 업무 처리를 통한 경제 활동, 학생의 온라인 교육, 시민의 소비 활동의 변화도 컸다.

변화는 경제사회에서 문화 · 예술까지 확장되었다. 각종 문화 · 예술 공연, 컨퍼런스, 전시회, 세미나 등 오프라인 활동이 비대면-온라인 방식으로 전환되었다. 여기서 한국의 경쟁력을 세계에 유감없이 보여 주었다고 생각된다. 그래서 위기는 기회라고 하는 것인가. 그러나 가슴 아픈 일도 많다. 많은 분들은 병원에 연로한 부모님을 모신 채 마음대로 문병도 못했던 큰 상처와 아픔도 간직하고 있을 것이다.

또한 코로나19 팬데믹은 일상에서의 사회적 거리두기를 통해 비대면 · 비접촉 문화를 새로운 하나의 사회적 코드로 변모시켰고 시민의 협조로 이를 제도화해 정착시켰다. 여기서 발생한 비대면 · 온라인 생활양식은 온라인 교환과 거래를 활성화시켜 온라인 경제를 구현한 것이다. 오프라인 사업은 현실에서 불황에 시달리다가 점포를 정리했지만 온라인에서 주로 영업한 업체들은 호황을 맞거나 현상 유지를 하는 양상을 보였다. 코로나19 팬데믹에 의한 비대면 · 비접촉 상황에의 적응 여부가 곧 경제사회적으로 개인과 조직의 생존 차원의 문제로 귀결된 것이다.

4차 산업혁명은 기존 일상의 3차 산업혁명과 결합해 발생하는 일련의 상황이며 상호작용이다. 3차 산업의 전유물이라고 할 수 있는 ICT, Mobile ICT와 AI 알고리즘의 결합은 초지능, 초연결, 초융합 등의 키워드를 바탕으로 운영된다. 4차 산업혁명은 공공부문과 민간부문에서 초혁신(hyper-innovation)을 만들어 내고 있다. 다보스

포럼에서는 지속 가능성에 대한 방안으로 4차 산업혁명을 제시하고 시너지 효과에 따른 새로운 부가가치 창출과 경제사회의 변화를 예측했다.

지금 우리는 손 안에 든 스마트폰으로 인터넷에 접속하고, SNS 서비스를 비롯한 각종 정보 서비스를 활용하고 있다. 우리가 사용하는 인스타그램, 카카오톡, 페이스북과 같은 SNS 서비스들은 AI와 빅데이터를 가공하거나 활용해 만든 정보를 제공한다. 우리는 SNS 서비스에서 제공하는 금융 정보, 날씨 정보, 뉴스 등을 포함한 각종의 정보들을 무의식적으로 자연스럽게 사용하기도 한다.

중앙과 지방자치의 방향성

한국은 4차 산업혁명에 대해 중앙정부 차원에서 국가적 역량을 집중해 대응하고 있다. 한국은 4차 산업혁명 시대를 맞아 공공 부문 및 민간 부문과의 협력으로 개념화와 논의를 진행했다. 2017년, 정부는 대통령 직속 4차 산업혁명위원회 설치와 함께 4차 산업혁명의 방향성을 제시했다. 이를 바탕으로 정부는 지능정보사회기본법을 제정하고 관련 법 · 제도를 정비, 정부 정책의 제도화를 추진한다(정우석 · 김태환, 2023).

2017년 12월부터 2018년 3월까지 진행된 국회의 4차 산업혁명 특별위원회 업무 보고는 14개 중앙부처의 4차 산업혁명 대응 현황을 보여 준다. 중앙정부 부처에서 실행한 대응은 주로 규제 혁신과 RnD 중심의 국가적 역량 강화 및 기술적 역량확보에 집중하는 것이었다.

이와 같은 흐름으로 정부는 2019년 1월 '데이터 · 인공지능 5개년 경제 로드맵'을 통한 지능정보사회에의 대응 전략을 발표하고, 중앙정부 차원에서 국가 역량에 집중하는 대규모 투자 및 RnD 계획을 구체화했다.

한편 한국은 경제의 고도화, 정보화 혁신의 성공에도 불구하고 현재까지 숙의민주주의를 통한 사회문제와 공공 문제를 성공적으로 해결하지 못하고 있다. 특히, 주요 선진국들에 비해 지방자치 경험은 상대적으로 적고, NGO나 NPO 같은 자발적 참여와 같은 공공결사 경험 역시 상당히 적은 수준이다.

전통적으로 한국은 사회문제와 공공 문제를 중앙정부나 정부 관료제를 통해 해결했다. 2016년부터 현재에 이르기까지 4차 산업혁명의 가시화를 위해 미디어의 수많은 칼럼과 저널은 중앙 · 지방분권을 통한 4차 산업혁명에 대한 해법을 제시해 왔다.

현실적으로 대규모 자원이나 재정이 투입되는 신규

사업의 대응 전략은 정부가 주도해 왔으며, 4차 산업혁명 역시 과거 경제 개발 시기와 정보화혁명과 같이 정부 의존성이 강하다. 공공행정 정책을 통해 국가 발전과 사회 진보 방안을 제시하고 사회를 바람직한 방향으로 지도해 가는 것이 행정 정책의 기본이다. 4차 산업혁명 흐름에서 정부의 전략은 그 궤를 같이하고 있다.

지방자치단체와 전문가들은 중앙정부가 취하는 소극적 태도와 부처별 이해관계의 대립과 갈등, 개별법에 의한 법률 유보, 중앙정부의 비대한 권한 행사를 지적하고 있다. 한편 지방자치단체 특유의 관료주의 및 자치단체장의 표심을 위한 정책 추진은 지방자치 행정 사례에서 볼 수 있는 전형적 문제점이라고 할 수 있다.

이러한 맥락에서 4차 산업혁명을 대비하는 국가행정과 지방자치의 방향성을 모색해 본다면 다음의 세 가지를 들 수 있다. 첫째, 중앙정부, 지방정부, 기업, 시민 NGO, 전문가 집단, 지역 주민 등이 협력하는 거버넌스의 구성과 정책 참여, 둘째, 각 참여자의 책임 소재를 명확히 할 수 있는 제도적 장치 설정 및 준비, 셋째, 4차 산업혁명에 대한 대응 전략을 위해 다양한 담론 조성이 그것이다(김경동, 2021).

참고문헌

김경동(2021). “4차 산업혁명과 윤리규범을 위한 AI알고리즘 규제연구: 국가행정과 지방자치를 위한 지능정보화의 방향”. ≪한국지방자치연구≫, 23권 2호, 23~48.

정순관·류신규(2021). “문재인정부 자치분권추진의 경험과 교훈”. ≪한국지방자치연구≫, 22권 4호, 97~119.

정우석·김태환(2023). “인공지능(AI) 기술을 적용한 지방자치단체의 물리적 보안 개선방안”. ≪2023년 (사)한국재난정보학회 정기학술대회 논문집≫, 2023.11.3., 329~330.

한세억(2023). “지방자치단체 정책 결정에서 인공지능(Chat GPT) 활용방안에 관한 연구”. ≪시민정치연구≫, 6호, 25~49.

03
AI 시대의 법제 정비

AI 시스템은 인권, 존엄성과 같은 기본권에 부정적 영향을 미칠 수 있다. 인간에게 중요한 표현의 자유 및 개인정보의 자기결정권에 대한 AI 시스템의 영향력은 민주적 의사 형성 과정에 중대한 장애를 초래할 것이다. 특히, '사용자 프로파일링'이나 '콘텐츠 관리'는 AI 시스템을 통한 기본권과 민주주의에 대한 위협을 예시하는 대표 사례다.

AI 위험성의 현실화

2007년 손 안의 컴퓨터 시대를 연 아이폰, 2016년 인간 프로 바둑기사를 패배시킨 알파고의 충격, 이후 6년 만에 AI는 놀라운 발전을 거듭해 '챗GPT'라는 범용 AI 시대를 열었다. 컴퓨터와 인터넷 혁명으로 대표되는 정보사회는 인식과 판단 주체가 점차 인간으로부터 기계(AI)로 전환되고 있는 실정이다. AI 시대는 기계가 자율적인 처리, 제어, 예측을 할 수 있는 시대다. 자연스럽게 AI에 대한 규제 논의는 대화형, 그리고 생성형 AI 모델인 챗GPT의 등장으로 본격화되었다.

생성형 AI 출시 이전에는 AI의 윤리적 측면을 강화해야 한다는 의견이 지배적이었다. 각국이 발표한 윤리 기준 중에 가장 많이 강조된 원칙은 책임성(accountability)이라고 한다. 다음으로 많이 언급된 기준은 인간의 존엄성, 또는 인간 중심적 가치, 공정성, 안전 및 외부로부터의 보안성, 그리고 AI에 대한 신뢰성 등이다. 또한 투명성이나 설명 가능성이 언급되었으며 프라이버시 보호, 인간 자율성과 통제 가능성 등도 제시되었다.

생성형 AI가 출시되어 인간의 미래를 바꿀 게임 체인저가 될 수 있다는 전망이 우세해지면서 EU를 비롯한 미국, 한국 등 주요 국가들이 생성형 AI의 법적 규제 논의를 시작했다. EU가 제일 먼저 입법화를 추진했으며, 미국과 한국도 입법안을 마련해 국회의 논의가 한창 진행 중이다. 그러나 법적 규제의 본격적 도입 이전에 생성형 AI의 특성을 잘 이해해야 한다. 즉, 어떠한 원칙으로 규제의 방향을 설정할 것인지 그 방향성을 결정하는 일이 매우 중요하다(이성엽, 2023).

AI 입법의 난해성

학계의 AI 연구는 50년 이상 진행되어 왔지만 대부분의 중요한 기법이나 기술에 대한 초기 개발은 미국 대학이나 연구소에서 이루어졌다. AI 연구에 대한 윤리적, 법적 영향을 분석한 연구는 거의 진행되지 못했다. 최근 급증한 AI를 통제하기 위한 미국의 노력에 그렇게 많은 진전이 있던 것 같지 같다. 연방 행정부 차원에서는 규제를 완화하는 경향을 보이고 있다. 행정 명령을 통해 AI 부문의 투자 확대가 가능하도록 주요 정책적 방향을 제시하고 있다. 이처럼 미국 정부는 AI 지배력의 강화에 명백한 의지를 보이고 있다. 그러나 주요 계획을 수행할 수 있는 자금은 여전히 확보하지 못한 상황이다.

연방의 입법기관(Federal Legislative)에서는 AI의 법적 한계를 정의하고, AI에 대한 연구 개발 지원금을 확보할 수 있는 법안이 다수 발의되었으나 실제로 통과된 법안은 거의 없으며, 대부분의 법안은 여전히 각 위원회에 계류되어 있다. 연방 사법부에서는 지속적으로 사건을 심리 중이지만 AI 거버넌스의 방향성에 대해 다른 법원이나 정부 부처의 지침을 구하고 있는 상황이다.

연방 정부 차원의 리더십 부재로 각 주정부들은 캘리포니아의 사례처럼 적극적으로 주정부 차원의 AI 거버넌스를 모색하고 있다. 이들은 향후 다른 주정부와 연방 정부까지도 도입할 수 있는 방향을 만들고자 한다. 한편 AI 부문에서 선두 주자라고 할 수 있는 미국의 기업들은 각 기업 나름의 판단에 따라 상대적으로 자유롭게 혁신을 꾀하고, 문제가 발생할 경우에 따라 자율적인 규제를 제정하기도 한다(John & 권은정, 2019).

규제에는 강성법(hard law)적 접근과 연성법(soft law)적 접근이 있다. 강성법적 접근은 기존의 규제 제도를 AI 기술에 적용하는 방안이다. 그리고 AI에만 특화된 새로운 법률을 만들고자 하는 시도도 있다. EU의 경우, 유럽의회에서 '로봇시민법'이라는 권고안을 제출한 바 있다. 이에 반해 연성법적 접근은 AI 기술의 개발과 생산 과정에서 연구자 혹은 생산자 스스로 자기 규제를 하도록 유도한다(류현숙, 2017).

AI '원스톱' 디지털 플랫폼 정부

한국 정부는 현재 세계 최고 수준의 전자 정부라고 하지만, 그 한계를 초월해 국민이 필요로 하는 모든 정보를 '원스톱' 방식으로 제공할 수 있는 디지털 플랫폼 정부의 실현을 추진하고 있다. 디지털 플랫폼 정부는 AI를 비롯해 급속히 진화하고 있는 디지털 기술을 최대한으로 활용해 시민 중심의 정부, 과학적이면서 투명한 정부, 민간 기업체의 성장을 주도할 수 있는 혁신적인 정부를 목표로 한다. 디지털 플랫폼은 기술이면서 수단이다. 궁극적으로는 정부 형질을 탈바꿈시키며 안전, 신뢰, 포용성의 가치 등을 창출할 수 있는 정부로 혁신하는 촉매제가 되어야 한다.

이제 디지털 플랫폼 정부를 통해 모든 데이터가 상호 연결된다. 디지털 플랫폼에서 시민, 기업, 정부 등이 함께 사회적 문제를 해결하며, 새로운 가치를 창출할 수 있는 정부로 변신한다. 이는 디지털 경제의 핵심이다. 데이터 유통의 신뢰성 확보를 통한 이용자들의 안전한 데이터 활용을 위해 국가 차원에서 신뢰 기반을 확보하기 위한 제도적 기반 구조를 구축하는 중이다. 상생 발전을 위한 기반 구조 구축으로 디지털 플랫폼의 순기능적인 측면이 기대되지만 의도치 않은 역기능과 부작용이 우려되기도 한다.

한국은 디지털 정부 성숙도가 가장 높은 국가로 평가된다. 세계은행에서 발표한 "GovTech Maturity Index" 평가에서 한국은 1점 만점의 기준 0.991점을 획득해 평가 대상 198개국 중 1위를 차지했다. 이러한 정부의 성과는 역대 정부에서 누적된 노력의 산물이라고 평가할 수 있다. 세계은행은 차세대를 위한 디지털 정부 모습을 '거브테크(GovTech)'라는 용어로 정의했다. 국가별 성숙도 수준을 측정하기 위해 설문조사를 처음으로 실시했으며, 앞으로 2년 주기(짝수년도)로 조사할 계획이라고 한다.

윤석열 정부 출범을 위한 제20대 대통령직인수위원회는 새 정부를 "모든 데이터를 연결할 수 있는 '디지털 플랫폼'에서 시민, 기업, 정부가 상호 협력해 사회문제를 해결, 새로운 부가가치를 창출하는 정부"라고 정의했다. 여기서 디지털 플랫폼 정부는 정부가 추진하는 업무 프로세스를 디지털 기술을 활용함으로써 전산화하고, 데이터를 표준화하는 공유 시스템으로 정의할 수 있다.

디지털 플랫폼 정부는 다양한 기술력과 제도적 요소를 포함한다. 그렇기 때문에 디지털 플랫폼 정부 구축은 결코 쉽지 않다. 혁신과 제도 간의 관계는 시간의 흐름에 따라 변화하며 기업 및 국가의 공동 노력으로 발전할 것이다.

무엇보다 중요한 것은 기술과 제도 간의 공진화와 혁신적 맥락이다. 기술과 제도 간의 공진화란 기술적 발전과 사회제도의 변화가 상호작용함으로써 서로 우호적인 영향을 주고받는 것을 말한다. 기술 혁신과 발전이 함께 일어날 수 있는 제도적 요소가 뒷받침되어야 한다. 즉, 적절한 제도가 준비되지 못하면 기술 혁신과 발전은 지속적으로 전개될 수 없다는 것이다(Freeman & Soete, 1997).

또한, 디지털 전환을 위해 불확실성과 위험에 대응하는 다양한 노력을 기울여야 한다. 이를 정리하자면 다음과 같다. 첫째, 개인정보 및 데이터 보호 문제에 대한 법제적인 대응이 필요하다. 개인정보를 기반으로 한 데이터는 디지털 전환의 핵심 자원이다. 이러한 자원의 보호를 위해 적극적인 개인정보 및 데이터 보호를 법률이 필요하다. 이러한 법률은 개인정보와 같은 데이터를 수집하고 사용하고 보호하며, 공유하는 행위 등에 대한 규제를 포함해야 할 것이다.

둘째, 디지털 플랫폼 시장에서의 독점 문제에 대한 법제적 대응이 필요하다. 일부 대형 플랫폼 제공자는 시장을 지배할 뿐 아니라 경쟁 자체를 억압하는 결과를 초래할 것이다. 이러한 독점 문제를 해결하기 위해 경쟁에 대한 법률 강화와 플랫폼 제공자 행동에 대한 규제 강화가 필요하다.

셋째, 디지털 부정행위의 발생을 저지할 수 있는 법제적 대응이 필요하다. 디지털 환경에서 불법 행위는 쉽게 발생할 수 있다. 이러한 행위로 악의적인 해커들의 공격과 사이버 범죄, 불법적으로 행사되는 온라인 거래 등을 들 수 있다. 이러한 문제점을 해결하기 위해 법률에 의한 처벌을 강화하고, 사이버 보안기술과 인프라에 대한 강화가 필요하다. 아울러 사이버 보안의 인식에 필요한 법제화의 강화를 위해 교육이나 캠페인을 진행할 필요성이 있다. 사이버 범죄 수사에 대한 독립적, 전문적 기관도 잘 운영해야 한다(한세억 · 조숙정, 2023).

참고문헌

이성엽(2023). “생성형 인공지능(AI) 규제원칙에 관한 연구”. ≪고려법학≫, 110호, 149~179.

류현숙(2017). “인공지능 기술 확산에 따른 위험 거버넌스 연구”. ≪기본연구과제≫, 2017호, 1~18.

한세억·조숙정(2023). “안전한 디지털플랫폼 정부의 구현을 위한 입법 제안”. ≪동아법학≫, 99호, 173~208.

John, P. S. & 권은정(2019). "미국의 인공지능(AI) 윤리 및 거버넌스 현황". ≪경제규제와 법≫, 12권 2호, 100~115.

Freeman, C. & Soete, L.(1997). *The economics of industrial innovation.* Cambridge: MIT Press. 125~133.

04
AI와 감시 사회

현대인은 언제 누구에게 감시를 당하는지 모르는 패놉티콘 구조에 살고 있다. 개인의 생체 빅데이터는 질병의 예방 · 진단 · 치료는 물론 실종자 수색이나 범죄 수사 등의 다양한 분야에 활용될 수 있지만 새로운 감시와 통제의 장치로 악용될 수도 있다.

디지털 패놉티콘의 시대

중세의 암흑기를 벗어난 시기라고 할 수 있는 230여 년 전, 공리주의자 제러미 벤담(Jeremy Bentham, 1748~1832)은 『패놉티콘(Panopticon)』(1791)이라는 책을 출간했다. 벤담이 구상하는 '이상 사회'의 원리는 패놉티콘을 구체화하고 실현하는 것이었다. 그는 무엇보다도 사람(수감자)을 개선할 수 있는 방법이란 완벽한 통제라고 생각했다. 패놉티콘 구조는 단 하나의 기능(감금)만을 사용하기 위해 만든 것이 아니라 모든 영역에서 응용할 수 있는 도록 만들었기에 놀랍다.

패놉티콘은 단순히 감옥의 기능에 그치는 것이 아니라 모든 시설로 확대될 수 있기 때문에 사회의 모든 영역에 적용될 수 있는 모델이었다. 근대의 감옥은 과거에 존재한 감옥의 연속선상에 있는 것이 아니며, 사회 변혁의 흐름에서 발명된 새로운 차원의 것이라 할 수 있다. 근대 감옥의 목적은 처벌 자체보다 '재사회화'와 '교화'였다.

패놉티콘 건물은 중앙 한 점에서 모든 수용실을 볼 수 있도록 설계된 하나의 벌집과도 같다. 감독관은 공개적으로 모습을 드러내지 않고 마치 유령처럼 군림하게 된다. 이 유령은 자신의 존재를 드러내야 할 필요성이 있다고 할 때 곧바로 감옥에 감금된 자들에게 경고를 할 수 있을 뿐 아니라 위반에 상응하는 벌칙도 내릴 수 있다. 벤담은 이러한 감옥이 지닌 본질적 이점을 한 단어로 '패놉티콘'이라고 표현했다. 이것은 '진행되고 있는 모든 일을 한 눈으로 간파할 수 있는 능력'을 의미한다.

패놉티콘 구조에서는 감시의 주체가 드러나지 않는다. 누가 자신을 감시하는지 모르지만 항상 감시받고 있는 상태다. 패놉티콘 또한 미셸 푸코(Michel Foucault)가 분석한 것처럼 이 장치는 자동 규율 장치로 확장된다. 수감자는 자신이 항상 감시를 받는다고 생각하기 때문에 스스로를 감시하면서 자기 통제를 내면화하게 된다. 권력은 끊임없이 위계질서라는 형상으로 완벽하게 행사되고, 개인은 항상 기록되고, 탐색의 대상자이면서, 생존자, 병자, 그리고 사망자로 구별될 뿐이다.

푸코에 의하면 패놉티콘의 모든 것이 규율 장치의 충실한 모델을 구성한다. 감시 작용에 중단이 있다고 해도 그 효과는 지속적으로 진행되며, 완벽한 권력의 상태는 권력 행사의 현실성에 전혀 문제가 없도록 한다. 그러므로 패놉티콘이라는 건축 장치는 권력 행사자의 능력과 상관없이 권력관계를 창출할 수 있는, 유지 가능한 기계 장치다.

권력의 근원은 어떠한 인격 속에서 도출되는 것이 아

니라 빛, 신체, 표면, 시선 등과 같은 정밀하게 계산된 분배나 내적 메커니즘에 의한 개인 간 작용하는 관계를 만들어 내는 기계 장치 속에 존재할 뿐이다. 오로지 비대칭, 불균형, 그리고 차이를 보장하는 장치만이 있을 뿐, 누가 권력을 행사하는지는 별로 중요하지 않다. 우연히 걸려든 사람이라고 하더라도 패놉티콘을 충분히 작동시킬 수 있기 때문이다. 따라서 관리 책임자가 부재중이더라도 그의 가족, 내방객, 측근, 친구, 그리고 심지어 하인조차 그러한 일을 간단히 대신할 수 있다.

패놉티콘 장치는 매우 다양한 욕망을 가진 자들을 향해 권력의 동질적 효과를 달성할 수 있는 경이로운 기계적 장치일 뿐이다. 지금까지의 논의를 기반으로 푸코는 패놉티콘 체제에서 드러나는 '권력'의 두 가지 개념을 요약해 설명했다. 첫째, 권력은 '소유'하는 개념이 아니라 '작용'으로 발생하는 것이다. 둘째, 권력은 '억압'하는 개념이 아니고 '생산'하는 것이다.

지금은 벤담 때와 비교할 수 없을 정도로 정보통신 기술이 비약적으로 발전했다. 권력 장치도 새로운 방식으로 진화하고 있다. 우리는 스마트폰의 보급, 인터넷 포털, 인공위성, 고성능 CCTV, 각종 여론조사 기관 등의 등장으로 모든 곳에서 노출되어 있다. 또한 우리의 사적 · 공적 기록들은 우리 의지와 전혀 상관없이 어딘가에 저장되며 공유되고 있다. 이제 패놉티콘을 넘어서 소위 디지털 패놉티콘 시대다. 디지털 패놉티콘 장치에 의한 감시는 더욱 더 은밀하게 이루어지고, 권력의 지배층은 시민을 자신들의 편으로 분할하며, 패놉티콘 사회체제에 순응하도록 만들고 있다(신응철, 2021).

안면인식기술의 문제점

개인의 얼굴을 특징짓는 눈이나 코, 귀 사이의 거리나 길이 등 고유한 기하학적인 데이터 점들을 추출해 안면 지도를 만들어 낸다. 컴퓨터가 쉽게 해독할 수 있도록 기호적 나열로 작성된 개인의 특징을 활용한 안면 지도의 데이터를 인터넷 사업자, 수사기관 등에서 대규모로 데이터베이스에 저장된 특정인들의 얼굴 사진 데이터와 대조해 동일인 확인과 식별을 할 수 있는 일련의 기술을 안면인식기술(Facial Recognition Technology, FRT)이라고 한다.

FRT는 매우 정확하고 신속하게 개인을 식별할 수 있기 때문에 AI와 결합, 치안 유지를 위한 공권력 활용, 테러와 범죄 예방, 세관과 출입국 통제 등 공공 용도로 사용된다. 또한 기계학습(machine learning)으로 대규모 학습이 가능해지면서 디지털 접근과 사이버 보안, 자율주행, 건강 진료, 금융 거래 등의 상업적 용도로 전 세계적으로 광범하게 활용되고 있다. 최근 코로나19 팬데믹 확산으로 공공장소에서 열 스캐너를 활용한 안면인식 시스템 설치가 이뤄지기도 했다.

실종 아동과 치매 노인 수색이라는 응급 상황에서 FRT는 분명히 시민 안전과 건강을 수호하는 유용하고 유일한 수단이 될 수 있다. 그러므로 FRT 기술 자체를 규제의 대상으로 삼을 것이 아니라 활용으로 발생하는 폐해를 효율적으로 통제하는 것이 중요하다. 결국 AI와 인간이 결합하고 그 활용 범위가 확대되면서 단일 법 제정과 같은 방안을 마련하는 것이 결코 쉽지 않은 것이다.

공공장소의 치안 등과 같이 공익적 목적을 지향하는 FRT 활용이라고 해도 스마트 도시에서의 '지능형 CCTV'와 같은 AI CCTV의 확산처럼 AI와의 결합, 일상 속 깊이 자리잡고 있는 FRT 활용을 어떤 규제 논리로 통제할 것인지 비교법적 분석을 통해 우리 법체계상의 해결 방안을 우선적으로 찾아야 할 것이다.

FRT의 개인식별(Identification)의 활용에 대해 현행 법체계상 가장 실효성 있는 규제를 만들 수 있는 방안은 현재의 개인정보보호법을 정비하는 것이다. 설사 긴급 상황에서의 정당한 공권력의 집행에 의한 식별용도로 활용된다고 할지라도 개인정보보호법의 일반적 근거와 법률에 명시적 근거가 있는 경우에 한정해 예외 사항을 명시하는 등의 개정이 필요하다(방석호, 2023).

바이오 패놉티콘

코로나19 팬데믹 상황과 비대면 의료 패러다임으로의 변화에서 세계의 의료 선진국들은 바이오 빅데이터에 주목해 왔다. 바이오 빅데이터는 개인의 데이터를 가장 정확하고 정밀하게 식별 가능할 수 있는 정보를 가지고 있기 때문에 질병의 예방과 진단, 치료뿐 아니라 범죄 수사 및 실종자 수색 등의 다양한 분야에 기여할 수 있다. 하지만 이러한 정보를 수집하거나 분석하여 활용하는 과정에서 오남용이 발생한다면 새로운 감시 및 통제의 장치로서 강력한 위력을 보유한 바이오 패놉티콘(bio-panopticon)이 될 수밖에 없다.

바이오 빅데이터 유지의 핵심은 생명 현상에 대한 유전과 형질 발현 관련 정보를 포함한 유전체 관련 데이터다. 유전체 분석은 DNA의 염기 서열을 의미한다. 각 생명체가 지닌 유전자와 그 특징, 특정 환경에서 대응하며 변화하는 현상과 대사 경로 및 생명 현상들의 상호 관계

등을 분석하는 데 매우 중요하다.

푸코는 감시 기술을 카메라 및 거대한 광학의 관계에 비유해 설명했다. 감시 기술은 과격한 행위이거나 힘과 같은 폭력에 의존하지 않는다. 대신 광학이나 역학 법칙 등의 작용을 통해 신체에 대한 지배를 가능케 한다. 이것이 푸코 패놉티시즘의 핵심이다.

우리나라를 포함한 해외의 많은 주요 국가가 바이오 빅데이터 사업에 의욕적이다. 명심해야 할 것은 한 사람이 패놉티콘 중앙에서 디지털 시스템을 관찰하고 컴퓨터 마우스 클릭만으로 전 국민의 유전 정보를 한눈에 탐색할 수 있는 바이오 패놉티콘으로의 변질 가능성이다 (정진화, 2021).

참고문헌

김용훈(2020). "4차 산업혁명 시대의 디지털트윈을 활용한 개인정보보호". ≪디지털융복합연구≫, 18권 6호, 279~285.

방석호(2023). "안면인식기술(FRT) 활용에 대한 법적 통제론". ≪홍익법학≫, 24권 4호, 319~436.

신응철(2021). "코로나19 시대와 패놉티콘 다시 보기". ≪현대유럽철학연구≫, 60호, 75~98.

정진화(2021). "바이오패놉티콘(bio-panopticon)과 생명 감시사회". ≪국가와 정치≫, 28권 1호, 107~134.

Boyne, R.(2000). "Post-Panopticism". *Economy and Society,*

29(2), 285~307.

Carter, G.(2021). “The Genetic Panopticon: Genetic Genealogy Searches and the Fourth Amendmen”. *Northwestern Journal of Techتnology and Intellectual Property, 18*(3), 311~333.

Grieves, M. & Vickers, J.(2017). “Digital twin: mitigating unpredictable, undesirable emergent behavior in complex systems”. *Transdisciplinary perspectives on complex systems.* Springer. Cham. 85~113.

Katherine, H.(2019). “A Panopticon on My Wrist: The Biopower of Big Data Visualization for Wearables”. *Design and Culture, 11*(3), 323~344.

05
AI와 기후 위기 정치

세계 각국에서 발생하는 탄소 배출량을 추적 · 감시하는 국제과학자단체 글로벌카본프로젝트(GCP)의 최근 발표 자료를 보면 한국은 2년 연속 탄소 배출 세계 10위 국가다. 기후 위기와 AI 기술은 모두 급격한 변화를 일으킨다. 이 변화는 사회적, 경제적, 환경적 문제로 광범하고 심각한 사안이다.

기후 정치의 실패

기후 위기는 현 세대가 직면한 문제 중에 가장 지속적인 이슈다. 기후 위기와 생태계 파괴로 인류도 다른 생물종처럼 심각한 위기에 처해 있다. 과학자들은 기후 변화 영향을 줄이기 위해 연구하고 있지만 과학자가 아니더라도 지구인이라면 기후 위기의 원인과 그 폐해에 대한 인식을 제고해야 할 것이다. 기후 위기를 극복하기 위해서는 생태 문명으로의 전환이 시급하다는 인식이 세계 곳곳에 공유되고 있다. 기후 비상사태로 일컬어지는 현재 상황은 현대 문명 패러다임의 전환을 요구한다.

최근 환경 정책 연구에서 AI의 활용 범위를 확대하고 있다. 기존 의사결정 방법론의 한계를 다수의 파라미터로 구성된 AI 모델로 개선할 수 있다. 환경 연구에서도 AI 방법론의 활용 확대로 수치, 이미지, 영상 등 다양한 형태의 데이터를 변수로 활용할 수 있을 뿐 아니라 예측, 분류, 검출, 변화 탐지 및 영향력 분석 도 가능하다. AI는 높은 정확도를 나타내지만 복잡한 모델 구성으로 설명력이 낮은 문제점도 존재한다(진대용 · 표종철 외, 2021).

국제사회는 기후 위기를 해결하기 위해 탄소 중립 선언, 주요 기업들의 RE100선언, 온실가스 배출권 거래제, 온실가스 목표 관리제, 탄소세 실시 등으로 기후위기에 대한 심각성을 공유하면서 다양한 노력을 하고 있다. 기후 정치 관련 국제 논의 중 최근 핵심이 된 제도는 유엔기후변화협약(UNFCCC) 당사국 총회다. 국제사회는 1992년 유엔기후변화협약 체결을 통해 기후 변화 문제의 심각성에 대해 인식을 공유하고 공동의 노력을 기울이기 시작했다. 1995년 독일 베를린, 1997년 교토의정서, 2010년 멕시코, 2015년 프랑스, 2021년 스코틀랜드, 2022년 이집트, 2023년 두바이 등에서 다양한 기후 위기 해결책을 제시했다.

특히 파리협정(2015.12)에서 산업혁명(1850~1900) 이전 대비 평균 기온 2℃ 상승을 한계점으로 정했지만, 이보다 낮은 1.5℃ 이하로 억제하려는 방침이다. 현재 1.3℃ 상승에 육박하고 있는데, 10년에 약 0.2℃가 상승하고 있기 때문에 쉽지 않은 목표치다. 목표를 달성하기 위해 2030년까지 탄소 배출량은 2010년 대비 45%이하로 감축해야 하고, 2050년까지 탄소중립(탄소배출 제로)을 달성해야 한다. 한국도 이러한 목표에 동참하고 있다. 최근 주요 안건으로는 기후 변화 적응 기금의 2배 확대, 탄소 배출 기여도가 큰 선진국들의 배상 책임 등이 제시되었다.

국제사회의 기후 정치는 더디지만 탄소중립이라는 목

표를 설정하고 목표 달성을 위해 나아가고 있다. 하지만 최근 국제 정세 및 경제 침체 등으로 국제적 기후 대응에 후퇴 조짐이 보고되고 있다. 그 결과로 기후 위기는 더욱 악화되고 있으며, 인류에게 남은 시간이 얼마 없다는 증거도 더욱 뚜렷해지고 있다.

생태적 전환을 지지하는 사람들은 기후 변화 대응이 기본적으로 경제체제의 재구성이어야 한다고 주장한다. 대표적 기후 거버넌스인 유엔기후변화협약 당사국 총회는 실질적인 성과를 내지 못하고 있다. 현재의 기후 위기와 생태 위기에 가장 크게 기여한 선진국과 다국적 기업들이 생태적 전환에 적극적으로 참여하지 않고 있기 때문이다. 또한, 전 세계적으로 발견되는 민주주의 실패, 즉 반지성주의와 적대주의도 기후 위기 대응 실패의 주요 원인이다. 오늘날 전 세계에서 발견되는 공포와 불안, 갈등과 혐오는 연대를 어렵게 한다.

인류가 기후 위기를 둘러싼 복잡한 문제를 논의하는 가운데, 환경 정책 연구에서의 AI 연구 활용 범위 확대와 함께 생태시민성(ecological citizenship)이라는 중요한 개념이 부상하고 있다. 생태시민성은 시민으로서 개인의 전통적 역할을 넘어 생태와 환경에 대한 개인의 도덕적, 윤리적 책임을 강조하는 것이다.

기후 정치가 실질적으로 작동되기 위해서는 기후 위기를 단순한 지식으로 전달할 것이 아니라 지속적인 기후 위기 상황 체험과 함께 지구 공동체를 이루는 모든 존재의 상호연결성을 자각하고 강조해야 한다. 또한 체계적이고 실현 가능한 동기를 만들기 위해 NGO, 종교 단체, 정부 기관 등이 참여하는 AI를 활용한 기후 거버넌스 정치도 필요하다(이명호, 2024).

기후·기상 변화 예측 AI

세계기상기구에 따르면 향후 대형 자연재해 빈도와 이에 따른 경제적 피해가 증가할 것이라고 한다. 1970년대에 비해 현재 자연재해 빈도는 5배, 경제적 피해는 8배에 근접한다는 보고다. 자연재해에 따른 피해를 줄이기 위해 기상 변화 예측은 필수적이다. 지금까지는 주로 슈퍼컴퓨터를 이용해 종합적 대규모 수치를 통해 예측했지만, 현재는 AI와 빅데이터 기반의 재난 위기 대응 모델 개발이 급부상하고 있다.

AI는 방대한 지구 환경 데이터를 빠르게 처리하고 분석해 현재 기후 환경의 변화 추세를 정확하게 파악하고 미래 변화를 예측해 기후 변화에 대한 인류의 대응력을 높일 것으로 기대되고 있다. 뿐만 아니라 에너지 생산과 사용의 효율성을 높이고 시스템의 최적화를 통해 직접적인 온실가스 배출도 감축시킬 수 있을 것으로 기대되고 있다.

프라이스워터하우스쿠퍼스(PwC)와 마이크로소프트(Microsoft)는 온실가스 배출량이 가장 많은 산업 분야인 농업, 에너지, 수자원, 운송 등 4개 분야에 AI 기술 적용 시 2030년까지 전 세계 온실가스 배출량의 1.5~4%(0.9~2.4Gt CO2e)를 감축하는 데 기여할 것으로 예측하고 있다. 아울러 보스턴컨설팅그룹(BCG)은 감축 예상 수치를 5~10%(2.6~5.3Gt CO2e)로 더욱 높게 전망하고 있다.

AI는 지구 환경 및 인간 생활에 대한 방대한 양의(비정형) 원천 데이터를 수집하고 기후 변화 대응에 직·간접적으로 활용할 수 있는 유의미한 정보를 추출할 수 있다. 가령, 인공위성으로부터 수집되는 다양한 이미지, 영상 데이터를 통해 삼림의 감소, 온실가스 배출 감시, 해수면, 빙하 및 지형의 변화 등에 대한 매우 가치 있는 정보들을 창출할 수 있다. 전 지구적으로 수집된 데이터는 지구 환경 변화에 대한 다양한 시계열 데이터와의 융합 분석을 통해 극한 이상 기후의 발생 등 미래 환경 변화에 대한 정교한 예측을 제공할 수 있다. 이러한 결과는

에너지 발전량 조절, 효과적인 인프라 구축 계획 수립, 각종 재난재해 대응 등 기후 변화에 대한 인류의 대응력을 높이는 데 활용될 수 있다.

또한 AI 기술은 각종 시스템, 물리적 인프라 운영에 대한 에너지 수요를 예측하고 최적화된 관리 방안을 제시해 에너지 사용 절감 및 온실가스 배출 감축 효과를 가져온다. 가령 건물의 난방, 환기, 냉방 등 공기조화(HVAC) 시스템의 최적화를 통해 건물의 에너지 사용량을 줄일 수 있으며, 직접적인 탄소 배출을 줄일 수도 있다. 뿐만 아니라 각종 물리적 인프라의 관리 측면에서 AI는 인프라의 각 부분별 운영 상태를 모니터링하고 이상 징후를 빠르게 찾아내 에너지 손실을 줄이는 데도 도움을 주며, 나아가 인프라의 안전을 확보하는 데도 기여할 수 있다.

이외에도 AI 기술은 에너지 생산 설비를 구축할 때 생산 효율을 극대화하는 데 활용할 수 있다. 가령 풍력, 태양광 등 신재생에너지 설비의 입지 선정 과정에서 다양한 지리적 요소와 자연 에너지의 발생 패턴 등을 분석해 최적화된 입지를 선정할 수 있는 방법을 제시할 수 있다(박건철, 2021).

극한 홍수 대응 AI

최근 급격한 기후 변화에 따른 이상 기후의 빈번한 발생으로 태풍이나 국지성 호우, 돌발성 홍수 등 수위 및 유출량이 급격히 변화해 홍수 피해가 증가하고 있다. 기후 변화에 따른 주요 하천 유역의 수자원 총 피해 비용은 2020년에는 554억 원, 2050년은 3,574억 원까지도 추정된다. 기후 변화에 따른 피해 발생 상황에 대해 근본적인 대책 방안이 필요한 이유다.

기존의 기상 예측 기술들은 물리적 수치 모델에 기반하고 있으나 그 정확도가 높지 않을 뿐 아니라 지구온난화와 같은 변수들을 고려하지 않기 때문에 한계가 뚜렷하다. 특히 엘니뇨와 라니냐는 전 지구적 스케일로 나타나는 대표적인 예시다. 일반적으로 태평양의 수온 분포는 서쪽이 동쪽이나 중앙보다 더 높게 형성되어 있다. 엘니뇨는 남아메리카 태평양 해안 등 동태평양의 해수가 따뜻해지는 현상이다. 그리고 엘니뇨 남방진동은 동태평양의 해수면 온도가 따뜻한 단계와 차가운 단계를 왕복하는 과정이다. 엘니뇨가 발생하면 서태평양에는 고기압, 동태평양에는 저기압이 형성된다. 보통 엘니뇨는 4년 가량 지속되는데, 엘니뇨의 반대 단계는 라니냐라고 부르며, 서태평양에 저기압, 동태평양에 고기압이 생긴다. 엘니뇨와 라니냐를 아우르는 엘니뇨 남방진동은 전 세계적으로 기온과 강수량 변화를 일으킨다.

기존에는 엘니뇨 남방진동을 예측하기 위해 제비악 케인(Zebiak Cane) 모델이나 서태평양 진동 패러다임 이론, 대류 피드백 진동 이론과 같은 모델이 주를 이루었지만, 엘니뇨 남방진동의 봄철 예측성이 떨어지는 문제를 해결하지 못했다. 지구온난화에 따른 기후의 불확실성이 커지면서 이상 기후에 AI를 활용하고자 하는 연구가 활발히 진행되는 이유다.

가령 인공신경망(Artificial Neutral Network)을 활용해 100년간의 강수량 데이터를 학습한 인공지능은 기후 예측에 큰 도움을 준다. 구글 딥마인드는 그래프 신경망을 활용한 AI 기반 가상 예측 모델인 그래프캐스트를 개발했다. 그래프캐스트는 기상 예보에 필요한 비용과 시간을 기존의 예보 기술과 비교할 수 없을 정도로 저감시켰으며, 90% 이상의 정확도를 보이며 기존 수치 예보 방식보다 뛰어난 예측 능력을 보였다. 또한 폭염, 한파, 국지성 호우와 같은 극심한 기상 이변에 대해 학습하지 않았음에도 불구하고 기상 이변을 예측하는 성능을 지닌 것으로 알려졌다(전수환 · 김준규, 2024).

우리나라에서도 AI를 이용한 전 지구 기후 패턴 분석

이 시도되고 있다. AI를 활용해 홍수 발생 시의 기후 패턴을 학습시키고 홍수 유발 기후 패턴을 판별하는 알고리즘을 개발하고 있다. 딥러닝 기법을 활용한 홍수 유발 기후 패턴 판별의 적용 가능성이 빅데이터를 통해 확인되었다. 또한 전 지구 자료를 활용해 국제 협력 사업 등을 통한 기술 지원도 가능할 것으로 기대된다.

참고문헌

박건철(2021). "인공지능 기술을 통한 기후변화 대응". ≪KISDI AI Outlook≫, 7호, 17~33.

이나미(2023). 『생태시민으로 살아가기: 에코크라시를 향하여』. 알렙.

이명호(2024). "기후정치의 실패와 생태시민성: 토마스 베리의 인간재창조를 중심으로". ≪종교와 사회≫, 12권 1호, 4~15.

전수환·김준규(2024). "기후 및 기상변화 예측을 위한 인공지능". ≪기계저널≫, 64권 4호, 30~36.

진대용·표종철 외(2021). "환경 디지털 뉴딜 구현을 위한 AI 기반 환경 감시 체계 구축". ≪KEI연구보고서≫, 2021권 14호, 1~120.

06
AI 시대 시민운동

AI의 지능 정보 기술을 활용해 시민의 정치 참여 효율과 반응 개선이 가능할 것이다. 뿐만 아니라 민원 데이터 분석을 통해 정책 문제 탐색, 정책 문제 해결을 위한 공론화가 가능하다. 시민의 욕구 해소, 부처별 정책 현안 대응, 그리고 제도 개선으로 연결되는 디지털 민주주의의 기반을 조성하는 새로운 AI 시대라고 할 수 있다.

시민 중심의 AI

우리 사회는 국가 차원의 산업 경쟁 기술로서 AI의 선진적 발전은 물론이고 보편적·규범적 기제로서 AI 시대의 안착을 빠르게 이루려한다. 하지만 AI 시대에는 삶의 풍요 및 희망뿐 아니라 불안, 걱정, 두려움 등의 목소리와 시선이 함께 공존하고 있다. 그럼에도 불구하고 AI 시대는 우리가 당면한 피할 수 없는 현실이다. AI는 이 시대를 살아갈 시민들을 위한 방향이 무엇인지 진지한 물음을 던지고 있다(이철주, 2022).

우리나라에서 AI에 대한 기획이 본격화된 것은 문재인 정부의 'AI 국가전략'(2019.12)이 발표된 이후다. 곧바로 터진 코로나19 재난 상황 탓에 AI 기획은 잠시 주춤하는 듯 했지만 윤석열 정부의 'AI 일상화 및 산업고도화 계획'(2023.1)과 '초거대 AI 경쟁력 강화 방안'(2023.4)이 발표되었고 두 정책적 과제를 승계해 작성된 '전 국민 AI 일상화 실행 계획'(2023.9) 등으로 빠르게 진화했다(이광석, 2024).

AI는 세 가지 수준으로 구분할 수 있는데, 인간의 능력에 미치지 못하는 수준, 인간의 능력과 유사하거나 강한 정도의 수준, 그리고 인간보다 대략 1,000배 이상에 달하는 능력을 소유한 초AI의 수준이 그것이다. AI 관련 전문가들의 견해에 따르면 향후 10년 안에 인간의 10,000배에 달하는 '초슈퍼 AI'의 출현이 예견된다. 우리 사회는 AI의 지배에 놓일지도 모를 일이다. 그러나 당분간 시민들은 강한 혹은 약한 AI와 공존하는 사회에서 AI를 활용해 인간이나 국가에 의한 지배를 경험하게 될 것이다. 초슈퍼 AI와 공존하게 될 사회에서는 최악의 경우 'AI의 지배'라는 새로운 문제가 제기될 수 있다. 그렇기 때문에 시민 교육 차원에서 AI와 사람이 공존하는 길이란 개인과 국가에 대한 AI의 지배를 최소화하는 방안을 핵심 목표로 삼는 것이다(김상범, 2022).

이러한 맥락에서 시민들은 사회적 숙의 없이 기술 관료나 빅테크 이권에 의해 남발되는 AI 윤리와 각종 원칙에 대응할 수 있어야 한다. 즉, 시민들 스스로 주류 AI 질서에 맞서 시민사회와 소외된 약자의 목소리를 담아내고, AI가 초래할 수 있는 위험 요소를 예방할 수 있는 여지를 만드는 것이 중요하다. AI 거버넌스에 대한 관심과 학습이 필요한 것이다.

선진국들의 공동 의사 조율 역할에 충실한 경제협력개발기구(OECD)의 AI 원칙(2019.5)은 단순히 '착한' AI 체제 개선을 통해, 기술공학적인 해결에 의지했던 빅테크의 오래된 수동적 태도에서 벗어났다는 점에서 진일

보한 것이다. '성장' 논리 중심이 아닌 '인간 중심' 또는 '인간 주도'의 알고리즘으로 접근하는 기술 도입으로 인간의 책임이 더욱 강조된 것이다.

무엇보다 OECD의 AI 원칙 발표는 국내외 AI 정책 패러다임 구상에 큰 영향을 미쳤으며, '인간 중심의 AI' 담론을 확산시킬 수 있는 계기가 됐을 뿐 아니라 이를 공식화된 기조로 볼 수 있다. 특히, OECD AI 원칙은 '신뢰 가능한 AI' 구현이라는 다섯 가지 원칙을 제시했으며, 이러한 원칙을 국제 사회에 권고했다. OECD는 포용성과 지속가능성, 인간 중심성, 투명성과 설명가능성, 견고성과 안정성, 관련 주체 간의 사회적 책임 등을 강조했다.

AI의 기술 비판적 실재성 접근

인간 중심적으로 AI를 바라보는 관점은 실용주의적 접근으로, 한 사회에서 AI로부터 유발될 수 있는 예상 위험에 대응하기 위해 AI의 윤리적 원칙에 충실하다. 그러나 법적 제약은 추구하지 않는다. 그렇기 때문에 상대적으로 AI가 사회적으로 불균등하게 작용하는 비판적 측면을 파악하지 못하는 경향이 있다.

실용주의적 접근은 AI를 인류의 풍요와 성장을 좌우할 수 있는 중립적이고 기술적인 수단으로만 본다. 그러나 이는 AI가 실제 사회 · 역사적 구성물로 자리매김을 한다는 사실을 간과한 해석이다. 오늘날 AI에 대한 비판은 플랫폼, 빅데이터, AI 기술이 발전함에 따라 더욱 심각해지고 있다.

이미 우리는 AI가 인간의 의식에 자극을 주고, 사람에게 손실을 주거나 다치게 하고, 심지어 누군가를 사망에 이르게 하며, 사회의 공동체 감각을 훼손하고, 기후 위기에 걸림돌이 되고 있는 상황을 목도하고 있다. AI의 자동화 기술이 인간의 판단과 취향에 영향을 주고 생존과 노동 방식을 규정하는 경향을 묵과할 수는 없는 노릇이다.

기술은 기능적 효과를 지닐 뿐 아니라 사회문화적 층위에 있어서 씨줄과 날줄처럼 면밀하게 얽혀 있다. 이와 같이 자본주의의 비판적 실재성을 숙지하고 AI의 사회구성주의 성격을 강조하는 관점을 'AI의 기술 비판적 실재성 접근'이라 한다.

이러한 기술 비판적 실재성 접근은 정치나 기업 현장보다는 주로 인문사회학을 중심으로 민주주의, 노동과정, 인권, 권력, 체제, 기술사 등의 주요 논점과 결합한다. 여기서 AI는 단순히 인류사에 공헌하는 중립적 대상이 아니다. AI는 동시대 자본 권력에 의한 물질계 사물에 대한 (재)배치를 주도하고 빅데이터 인클로저(종획) 질서까지 주도할 수 있다. 이렇게 된다면 AI가 실체를 가진 권력으로 작용할 수 있는 훌륭한 도구라는 점을 알 수 있다.

결국, AI에 대한 비판 이론은 정치 · 사회적 구성물로, 존재하는 AI를 강조한 접근과 그 맥이 연결되어 있다. 즉, AI는 단순히 기술 시스템으로 존재하는 것이 아니라 서로 상이한 요소들이 상호 관여함으로써 특수한 배치가 성립한 무수한 연결 단위들의 밀도 높은 네트워크라고 할 수 있다. 디지털 사회학자 시몬 린드그렌(Simon Lindgren)은 이를 'AI 어셈블리지(AI assemblage)' 개념으로 설명한다. AI 어셈블리지는 실용주의적 접근에서 볼 때 흔히 '협의의 기술'이라고 하는 정의의 한계선을 초월한다. 또한 크게 주목받지 못한 AI가 사회 정치와 연결된 지점을 지적함으로써 기술적 층위를 폭넓게 연결할 수 있었다는 점에서 연구의 지평선을 넓혔다.

기술철학자 마크 쾨켈버그(Mark Coeckelbergh)는 광의의 AI 행위자 연결 네트워크 속 기술-인간 주체라는 역동적인 상호작용의 맥락을 강조하는 '기술수행(Technoperformances)' 개념을 추가한다. 이 개념을 통해 그는 자본주의에 의해 구성된 AI의 기술 권력을 언급하며 인간성 상실 문제를 경고한다. AI의 논리 구조는 개별 주체라고 할 수 있는 이용자의 말, 생각, 동작, 사회생활, 감정, 일 등 일상적인 기술수행에 영향을 미치고 체화될 것이다. 쾨켈버그는 이러한 삶이 정착되면 될수록 인간에게 새로운 정체성이 재구성되어 AI의 '수행적 권력 기제'에 예속될 수밖에 없다는 점을 경계했다.

기술 비판적 실재성 접근의 특징은 AI 어셈블리지라는 인공화되고 있는 기술적 대상과 인간 사이 관계망을 초월한다는 것이다. 즉, 이것은 환경과 생명을 가진 자연과 동등한 가치를 실현하고자 하는 AI 연결망의 네트워크로 그 지평선을 확장한 것이다. 이러한 관점은 AI에 대한 '생명 · 인권적 접근'과 공유할 수 있는 접점을 만들어 낼 수 있는 중요한 단초를 제공한다. 이러한 접근은 자연계에 영향을 미치는 AI의 수탈, 오염, 등 문제에 대한 고발과 함께 자연 생태계 보존에 기여할 수 있다(이광석, 2024).

시민 개입의 AI 기술정치학

시민이 개입할 수 있는 AI 기술정치학은 단순히 신기술에 대해 낭만주의적 저항과 담론 차원의 비판을 하는 것이 아니다. AI 윤리, 지표, 원칙 등을 통해 시민사회의 개입을 모색하는 실천적 측면들을 구체적으로 마련하는 것이다. 이러한 접근은 주로 민간이 운영하는 비정부 시민운동 단체(NGOs), 정부 간의 인권 노동 조직, 비영리를 목적으로 하는 연구 기관 등에 의해 주류 논의에 대한 대항 담론이나 실천적 개입을 중심으로 이루어지고 있다.

이미 앞에서 언급한 '인간 중심'이라는 AI 원칙은 현실감 없이 맥 빠진 수사학이 되거나 기실 어떠한 사회적 약자도 대변할 수 없는 빈 강정이 될 공산이 클 수 있다. 오히려 전후 작성된 세계인권선언에서 일찌감치 제기한 차별 없는 존엄적 인간의 삶과 생명에 대한 권리를 강조했던 것과 같이 세계인권선언의 정신을 계승함으로써 AI의 민주적인 설계 원칙을 적극적으로 모색할 필요가 있다.

'AI의 기술 비판적 실재성 접근'을 통해 우리는 적어도 당면한 AI의 비판적 실재 및 기술을 둘러싸고 있는 심층적 구조를 인식할 수 있는 시각을 확보할 수 있다. 그러나 아쉽게도 아직까지 이에 대해 구체적으로 기술한 실천적인 구상은 미약하다는 평가가 다수다. 좀 더 시민이 개입 가능한 AI 기술정치학 및 기술 민주주의 방법론을 구체적으로 제시해야 할 것이다.

독일의 알고리즘 와치(Algorithm Watch)에서 발표한 "자동화 사회 보고서 2020(Automating Society Report

2020)"는 AI의 '자동화 의사결정(Automated Decision-Making)'을 중점적으로 분석한다. 그것이 유럽 국가에 영향을 미치는 문제점과 현황, 정책 제언을 기술하는 데 공을 들였다. 또한, 시민사회 단체 '액세스나우(Access Now)'의 "인공지능 시대 인권"이라는 보고서는 시민 인권의 관점에서 '좋은 AI', '나쁜 AI' 구분법을 소개했고 '나쁜 AI'의 양태를 정리했다.

국제 인권 그룹 앰네스티(Amnesty International) 및 액세스나우가 공동 안건으로 발표한 "토론토 선언"은 국제 인권법에 기초해 AI 시스템의 평등 및 비차별적인 권리를 신장시킬 수 있는 방법을 의제로 삼았다. 이들 국제 시민사회 단체들은 공통적으로 흔히 사용되는 '인간 중심 AI'라는 애매모호한 정의 대신 미래 AI와 플랫폼 시대 소외자의 보호와 인권 지향 기술 민주주의 원칙을 보다 분명히 하고자 했다.

여기서 원활한 시민 개입이 가능한 AI 기술정치학을 실행하기 위해 몇 가지 방안을 생각할 수 있다. 첫째, AI 데이터에 의한 '수집과 처리 부문'에서 '데이터 커먼즈(data commons)'라는 일종의 시민사회의 참여와 실제 개입을 도모한다. 데이터 커먼즈란 생성형 AI 등의 인류 지식에 대한 대규모의 수집과 연산을 처리하는 데이터

인클로저의 질서에 대응하는 시민 공동체의 데이터 관리 방법 모색이라 할 수 있다.

둘째, AI 비즈니스 모델과 관련해 유럽 AI 법안에 견줄 수 있는 'AI의 시민인권법' 마련을 위한 시민사회의 지속적인 의제화 노력이 필요하다. 놀라운 속도로 발전하고 있는 AI 기술과 빅테크 알고리즘이 영업 비밀을 내세우면서 AI 기술에 대한 시민사회의 개입은 더욱 어려운 상황이다. 그럴수록 AI 알고리즘 공개와 공적인 기술 감독 및 시민 권리 보장을 위한 법률과 제도적 규제안의 마련이 시급하다.

셋째, AI의 사회적 범용화를 위해 노동자 · 시민이 스스로 AI로 작동되는 사회 자동화 수준의 합의점을 모색하기 위한 주요 이해 당사자로서 의식 변화를 이뤄야 한다. 정기적인 콘퍼런스를 개최하거나 이러한 문제를 주도적으로 지도할 수 있는 리더십이 필요하다. 우선적으로 인간의 노동과 지능 기계라고 할 수 있는 AI의 업무 사이 자동화 구성 비율을 사회적인 안목에서 어떻게 조정할 것인지에 대한 '정의로운 전환' 의제가 일상의 곳곳에서 다뤄져야 할 것이다.

끝으로, AI 생태 부문에 대해 AI 플랫폼 기업의 생명수탈적 속성에 맞서는 시민사회의 생태주의적 전망이 필요하다. 자본과 기술 집약적인 상업 기술에 대응해 생태적이고 합목적적인 기술로 매개할 수 있는 '기술민주주의' 구상을 본격적으로 제안해야 한다. 구체적인 방안으로, AI의 사회 생태적 측면에서는 상호 관계적 소통과 의사결정, 공적인 판단과 숙의 과정 및 서비스 노동 등에서 지능 기계가 초래하는 민주주의적 위기 문제를 진단하고 대안을 제시할 필요가 있다. 아울러 플랫폼 등 신기술에 공생적 가치를 추구하는 시민에 의한 테크놀로지 개발이 필요하다. 그러나 시민사회의 무분별한 AI에 대한 개입이 성립된다고 하더라도 그것이 바로 자동적으로 AI 민주주의 사회의 도래를 가져오는 것은 아니다. 시민사회에 의한 의제 발굴 그 자체가 AI에 관한 시민 참여라는 조건이나 과정을 담보할 수는 없기 때문이다. 따라서 시민들은 급변하는 AI 시대에 맞추어 그 변화를 감지하고 깊은 관심을 보이고 적응하기 위해 노력해야 한다 (이상욱, 2021).

참고문헌

고학수·임용·박상철(2021). "유럽연합 인공지능법안의 개요 및 대응방안". ≪DAIG≫, 제2호, 10~29.

김상범(2022). "인공지능 시대의 도덕·윤리과 공화주의 시민교육의 방향". ≪교육연구≫, 84호, 7~23.

이광석(2024). "시민 참여의 기술정치학: 인공지능, 생명, 인권 지표 구상". ≪문화와 정치≫, 11권 1호, 5~42.

이상욱(2021). 『유네스코 인공지능(AI) 윤리 권고 해설서: 인공지능 윤리 이해하기』. 서울: 유네스코한국위원회.

이철주(2022). "인공지능 시대의 시민교육의 방향과 과제: 초등 도덕과 교육과정을 중심으로". ≪인문사회21≫, 13권 5호, 4047~4058.

최문선(2019). "교사의 디지털 시민성에 영향을 주는 변인: 시민성 교육에의 함의". ≪시민교육연구≫, 51권 1호, 275~310.

Buolamwini, J.(2023). *Unmasking AI: My Mission to Protect What Is Human in a World of Machines.* NY: Random House Publishing Group.

OECD(2024). OECD AI Principles overview. https://oecd.ai/en/ai-principles

Lindgren, S.(2023). *Critical Theory of AI.* London: Polity.

07
AI와 재생에너지 정책

신재생에너지 발전원 중 큰 비중을 차지하는 태양광발전은 태양광을 전기에너지로 전환하는 설비로 범용성이 높아 주목받고 있다. 그러나 기상에 큰 영향을 받으므로 이를 효율적으로 사용하기 위해서는 신뢰성 있는 예측이 필요하다. 따라서 태양광 발전량 예측 연구가 중요해지고 있고 안정적인 전력계통 운영을 위해서는 기상 변화에 따라 변동되는 발전량을 예측할 수 있는 시스템이 수반되어야 한다.

한국의 2050년 탄소 제로 전략 목표

유엔은 1992년 전 세계 196개 국가를 대상으로 온실가스 감축을 위한 기후변화협약을 체결했다. 이에 따라 기후 변화에 영향을 많이 미치는 온실가스 감축을 위한 태양에너지 활용 재생에너지의 보급 확대는 전 지구의 의무가 되었다. 우리나라도 1997년 12월 신재생에너지 관련 법을 제정해 보급을 촉진한 결과 태양광 설비 용량이 2014년 1.8GW에서 2021년 말 기준 19GW로 10.6배 증가했다.

또한, 기후 변화 대응을 위한 한국 정부의 2050년 탄소 제로 전략 목표 달성을 위해서는 기상 영향이 큰 재생에너지 개발 확대가 필수다. 정부는 "제5차 신재생에너지 기술개발 및 이용보급 기본계획"에 의거, 2034년 신재생에너지 발전 비중 목표를 22.2%, 설비 용량은 80.8GW로 확대하기로 목표를 정하고 보급에 박차를 가하고 있다. 이와 같이 기후 영향을 많이 받는 재생에너지의 보급 확대는 불규칙적인 전기에너지 생산 탓에 우리나라 전력계통 운영의 수요 공급 관리에 많은 어려움을 낳곤 한다.

기후 변화 문제나 자원 고갈 문제 등을 해결할 수 있는 수단으로 스마트 그리드 기술이 큰 주목을 받고 있다. 스마트 그리드는 ICT(Information and Communications Technology)를 기존 전력망에 접목한 차세대 지능형 전력망 구조를 의미한다. 스마트 그리드는 전력 공급 업체와 소비자 간에 정보를 실시간으로 교환함으로써 에너지 효율을 향상할 수 있다. 또한 스마트 그리드는 수소, 풍력, 바이오, 태양광 에너지와 같은 신재생 에너지에 기반한 분산 전원의 활성화를 통해 기존의 발전 설비에 들어가는 화석연료의 사용량을 줄일 수 있다.

신재생 에너지를 이용한 발전 중 태양광 발전은 다른 에너지원에 비해 고갈될 염려가 적고, 부지 선정의 제약이 크지 않으며, 초기 투자 비용이 상대적으로 적은 여러 장점으로 최근 관심 및 수요가 급증하고 있다. 태양광 발전 시스템에서 생산된 전력을 효율적으로 사용하기 위해서는 정확한 태양광 발전량 예측 모델이 필수다. 정확한 예측 모델은 안정적인 전력 공급 및 운영을 가능하게 하며, 불필요한 에너지 손실을 줄임으로써 경제적인 이득을 극대화 할 수 있다(박성우 · 정승민 외, 2022).

AI 기반 태양광 발전량 예측

정부는 기후 영향을 크게 받는 재생에너지의 불규칙적인 전기 생산의 문제점을 해결하기 위해 2021년 10월 재생에너지 발전량 예측 제도인 '소규모전력중개거래시장'을 도입했다. 과거에는 태양광 발전량 예측 방법으로 통계적 기법들이 많이 사용되었고, 최근에는 기계 학습 기법과 심층 학습 기반의 예측 모델에 관한 연구가 활발히 진행되고 있으며 좋은 예측 성능을 보여주고 있다.

하지만 뛰어난 성능을 보여주는 심층 학습 기반의 예측 모델에는 모델 내부에서 일어나는 의사결정 과정을 설명하기가 어렵다는 단점이 존재한다. 의사결정 과정에 대한 설명이 없다면 예측 모델을 통해 생성된 결과가 어떤 과정을 통해 도출되었는지 알 수 없고, 그에 따라 모델의 신뢰성이 저하된다. 이러한 문제점을 해결하기 위해 설명 가능한 AI에 대한 연구가 활발하게 진행되고 있다. 설명 가능한 AI란 AI 모델의 학습 과정과 예측 결과를 해석해 출력 값이 생성되는 과정을 설명할 수 있도록 하는 기술을 말한다. AI 모델의 예측 결과 도출 과정을 해석할 수 있다면 모델의 신뢰성을 확보할 수 있을 뿐 아니라 해석된 도출 과정 결과를 바탕으로 모델을 개선해 성능 향상을 기대할 수도 있다.

최근 컴퓨팅 기술의 비약적인 발전으로 기계 학습 및 심층 학습 기반의 예측 모델에 대한 연구가 활발하게 이루어지고 있으며 통계적 기법보다 우수한 성능을 보여 주고 있다. 기상 데이터를 다양한 기계 학습 모델들의 입력 값으로 사용해 일사량 및 태양광 발전량을 예측할 수 있다. 기계 학습 모델로 SVM(Support Vector Machine), RF(Random Forest) 등이 있고, RF가 가장 좋은 성능을 보였다. 또한 IoT(Internet of Things) 시스템에 사용되는 태양광 발전량을 예측하기 위해 기상 데이터를 사용해 다양한 기계 학습 모델들의 성능을 비교해 보았다. DT(Decision Tree), KNN(K-Nearest Neighbor), SVM, RT(Random Tree), RC(Random Committee) 등의 성능을 비교한 결과, RT와 RC가 좋은 성능을 보여 주었다.

심층 학습 기반의 태양광 발전량 예측 모형으로 태양광 발전량 예측을 위해 ANN(Artificial Neural Network)을 사용했고, 전통적인 수학 모델들과의 비교를 통해 해당 모델의 우수성을 증명할 수 있었다. ANN 모델은 낮은 조도, 각도 및 스펙트럼 효과와 같은 2차적인 효과까지 고려하기 때문이다. 그리고 풍속, 기온, 습도 등의 날씨 데이터를 수집한 후 LSTM(Long Short-Term Memory)을 통해 시간적 패턴을 임베딩하고, CNN(Convolutional Neural Network)을 통해 변수 사이의 관계를 학습해 미래의 태양광 발전량을 예측하는 모델을 구성하기도 했다. 제안한 심층 학습 기반의 하이브리드 모델이 다양한 단일 모델보다 우수했다(박성우 · 정승민 외, 2022).

또한 기후 영향을 많이 받는 태양광 발전량 예측을 위해 발전소 인근 지역의 기상 자료와 실측 일사량 및 발전량 데이터를 기반으로 개발한 '재생에너지 발전량 예측 시스템'으로는 AI 모형으로 데이터 양이 많아지면 성능이 좋아지는 장점이 있는 DNN(Deep Neural Network, 심층신경망), 반복적이고 순차적인 데이터 학습에 특화된 RNN(Recurrent Neural Network, 순환신경망)에 학습시켜 기상 조건에 따른 태양광 발전량 예측의 AI 모형이 있다(홍정조 · 오용선, 2022).

참고문헌

박성우·정승민·문재욱·황인준(2022). "BiLSTM 기반의 설명 가능한 태양광 발전량 예측 기법". ≪정보처리학회논문지/소프트웨어 및 데이터 공학≫, 11권 8호, 339~346.

이정인·박완기·이일우·김상하(2022). "통계적 및 인공지능 모형 기반 태양광 발전량 예측 모델 비교 및 재생에너지 발전량 예측제도 정산금 분석". ≪전기전자학회논문지≫, 26권 3호, 355~363.

정원용·박성우·문재욱·황인(2022). "태양광 주기성에 적합한 시간 변수를 반영한 SHAP 기반의 태양광 발전량 예측". ≪정보과학회 컴퓨팅의 실제 논문지≫, 28권 3호, 196~201.

최연준·김준석(2022). "드론의 원자력발전소 물리보안 활용 및 개선방안 연구". ≪시큐리티연구≫, 70호, 195~216.

홍정조·오용선(2022). "태양광 발전량 예측 인공지능 DNN-RNN

모델 비교분석". ≪사물인터넷융복합논문지≫, 8권 3호, 55~61.

Huld, T. & et al.(2011). "A power-rating model for crystalline silicon PV modules". *Sol. Energy mater. Sol. Cells, 95,* 3359~3369.

Rosell, J. I. & Ibanez, M.(2006). "Modeling power output in photovoltaic modules for outdoor operating conditions". *Energy Convert. Manage, 47,* 2424~2430.

08
AI 저널리즘과 사이버 안보

AI 알고리즘은 개인의 취향을 분석하고 이에 적합한 정보를 개인의 취향에 맞게 제공한다. 개인에게 맞춤형으로 제공한 정보는 이미 개인의 취향으로 형성된 편협적인 정보에 더욱 치우치게 할 것이다. 가령, 기후 변화에 대한 잘못된 정보가 담긴 유튜브 영상을 시청했던 경험이 몇 번씩이나 있다면, 그와 비슷한 영상들이 지속적으로 개인에게 제공된다. 또한 AI는 사이버 공간에서의 국가 안보 위협으로 자리매김했다.

저널리즘에서의 AI 활용성

최근 저널리즘 영역에서 AI 활용이 급속도로 증가하고 있다. 빅데이터와 알고리즘을 두 축으로 삼은 AI에 기반한 저널리즘은 새로운 뉴스 콘텐츠를 작성·제작하는 영역과 배포·노출 등의 제공 영역으로 구분된다. 전자의 대표적인 예로는 데이터의 수집과 분석을 통한 예측·분석·탐사 보도가 있다. 후자의 대표적인 예로는 이용자의 데이터를 통한 기계적 알고리즘으로 그루핑(grouping)해 만든 맞춤식 뉴스 서비스를 들 수 있다. AI에 기반한 저널리즘은 콘텐츠의 생산과 제공 과정에서 효용성을 높이고 있다. 한편 AI는 편향된 정보를 기계적인 방법으로 제공함으로써 알 권리와 표현의 자유 등 사용자의 정보기본권을 침해할 문제의 소지가 있다. 또한, 가짜 뉴스 등을 판별할 수 있는 AI를 운용한 필터링은 공적 표현의 자유를 과도하게 위축시킬 우려가 있다.

본래 저널리즘에서 '뉴스 콘텐츠'는 저널리스트의 독립성을 강조할 수밖에 없는 영역이다. 그렇지만 오늘날 빅데이터와 알고리즘에 기반한 AI 저널리즘은 뉴스 콘텐츠 생산과 제공 과정에서 인간을 대신하고 있다. 방대한 데이터를 알고리즘으로 기계가 처리한다는 점에서 AI 저널리즘은 사용자의 편익은 물론 저널리즘의 효율을 훨씬 높이는 장점이 있다. 하지만 무분별한 데이터 남용, 편향적 취급 등에서 야기되는 문제점도 적지 않을 것이다. AI 저널리즘은 기계의 학습 능력에 의존해 데이터를 수집하며, 재조합과 분석하는 과정에서 인간을 비인격화하고 객체화의 대상으로 볼 수 있다. 다시 말해 이용자와 최종 콘텐츠 사이에 기존의 편향을 강화시킬 수 있다. 또한 가치 평가 부분에서도 알고리즘이 이용자의 가치나 정체성을 평가 · 투사해 영향을 미친다는 점에서 심각한 문제점이 아닐 수 없다(이희옥, 2021).

AI 저널리즘에서 기본권 강화 필요성

AI에 기반한 다른 영역처럼 저널리즘에서도 AI를 통제하는 법정책적 장치가 제도화되어 있지 않다. AI가 아직 완성이 되지도 않은 기술이라는 점, 그밖에 관련 규율이 각국의 이해와 맞물려 있다는 점이 이유가 될 수 있다. AI 저널리즘은 전통적 저널리즘이 수행해 왔던 알 권리, 정보접근권, 그리고 정보공개청구권 등으로 대변될 수 있는 민주주의 제도나 질서에 도전하고 있다.

개인의 명예, 사생활, 개인 정보, 불법 행위 등의 수집 및 처리에 관한 법규에 관한 부분을 제외하고는 AI 알고리즘의 작업에 따른 의사결정 및 결과 귀속의 문제를 법적 문제로 다룰 만한 헌법적 확인 내지는 법적 근거는 아직 없다고 볼 수 있다. 이런 상황에서 AI를 활용함으로써 발생하는 개인의 권리와 정보기본권에 대한 보호 필요성이 제기되고 있다.

특히 기술로부터 보호받아야 할 개인의 자기결정권 요소인 자유 및 자유권적 기본권에 전제될 수 있는 가치들, 개인의 가치관과 성향 등은 민주주의 사회에서 다양한 방면을 통해 인격 정체성을 형성할 뿐 아니라 합리적 의사결정의 근간이 된다.

또한, AI 저널리즘의 알고리즘은 개인의 뉴스 콘텐츠에 대한 선택권을 방해하며, 불법이 아닌 단순히 불법으로 판단될 수 있는 가능성이 있는 정보를 사전에 차단할 수 있다. 이것은 결과적으로 개인적 권리를 침해하는 셈이며, 공적 이익에 직결될 수 있기 때문에 문제가 된다. 이러한 맥락에서 볼 때 AI 저널리즘에 대응할 수 있는 국민 기본권 보호와 함께 민주주의 질서의 보전을 위한 헌법상의 대응이 필요하다(박진아, 2019).

북한의 사이버 공격

사물인터넷, 빅데이터, AI, 자율주행 자동차, 스마트시티, 드론, 스마트공장, 클라우드 컴퓨팅, 핀테크, 5G 등으로 사이버 세계와 현실 세계가 다양하고 복잡하게 연결, 융합되어 작동하고 있다. 따라서 사이버 위험과 재난은 초연결사회에 심각하고 지속적이고 새로운 기본권 침해와 시장의 교란을 가져온다. 사이버 해킹 등으로 시장을 교란하고 시민의 기본권을 침해하는 기술은 매우 신속하게 발전을 거듭하고 있다. 사이버 위험이나 재난은 시민들에게 일상적이고 광범한 불안감을 심어 주고 있다. 이것은 시민적 법치국가의 대전제인 자유를 위협한다.

또한 사이버 위험과 재난은 소통하는 시민사회의 대전제라고 할 수 있는 신뢰성을 침해하기도 하며, 과학과 인문학이 상호 융합하는 조건이라고 할 수 있는 안전성을 저해한다. 이 때문에 침해될 수 있는 기본권 목록으로는 일반적인 행동 자유, 표현 자유, 프라이버시 및 개인정보자기결정권, 생명과 신체의 자유와 안전, IT 기본권, 주거 자유, 통신 자유, 재산권, 범죄 피해로부터의 구조받을 권리, 재해 예방 및 위험으로부터의 보호청구권 등이 있다. 사이버에서의 기본권은 오프라인에서의 기본권들과 달리 주거 및 통신의 자유 등 기본권 목록을 엄격히 분리하지 않고 복합적 · 중첩적인 성격을 가진다.

국가는 제어국가라는 관점에서 시장의 자율성을 존중

하고 예외적으로 시장이 스스로 문제점을 해결할 수 없는 경우에 개입해 적절히 규제해야 한다. 또한 국가는 스마트한 규제 완화, 탈규제 등을 기존의 규제와 병행해야 한다. 사이버 위험과 재난이 자유와 안전에 대해 어떠한 의미를 가지게 되며, 어떠한 국가관에서 입법과 규제 행정을 어떻게 실시해야 할지 국가법, 헌법, 행정법 분야의 과제와 관련해 논의되어야 할 것이다(성봉근, 2022).

북한의 사이버 공격은 비전통 안보 위협 중 가장 심각하고 위협적인 무기로 부상했다. 사이버 공격은 개인적 차원의 해킹 수준에서 공공기관과 사회 기반 시설까지로 그 공격 대상의 범위를 확대했다. 경제적, 사회적 피해는 상상을 초월할 정도로 크다. 만약 항공 · 전력 · 선박 등의 기반 시설에 대한 사이버 공격이 행해진다면 이는 큰 사회적 혼란에 그치지 않고 크나큰 인명 피해와 국가 재난 사태로까지 번질 수 있다. 이것은 전통적인 안보 차원에서 매우 엄중한 위협에 해당한다.

최근 북한은 유엔에서 강화한 대북 제재에 따른 경제적 난제를 타개하기 위해 은행, 암호화폐 거래소 등을 주 공격 대상으로 삼아 외화벌이에 집중하고 있다. 북한은 핵과 함께 탄도미사일 실험, 사이버 테러 등의 대미 · 대남 적대적 정책을 강행하면서 실제로 핵실험 및 연천 고

사포 사격(2015. 8. 20) 도발을 전후로 금융기관, 청와대, 방송사 등과 같은 핵심 기관 전산망에 사이버 테러를 감행해 한국 사회를 대혼란 속으로 유도하고자 했다. 특히 가상화폐 등장으로 최근 북한의 사이버 범죄는 가상화폐 거래소 등을 주 대상으로 한 가상화폐 탈취뿐 아니라 가상화폐를 활용한 범죄로의 확대 양상을 보이고 있다. 사이버 공격을 이용한 범죄의 목적이 점차 분명해지고 있다.

남한 정권의 보수와 진보를 막론하고 북한의 사이버 공격에는 분명한 목적이 존재한다. 그러나 우리는 아직도 여전히 어떠한 행위를 사이버 범죄로 판단하고 어떻게 제재를 할 것인지에 대해 국제 합의를 전제로 한 국제법상의 한계, 규범의 미비, 국내법상의 기본법 부재 등을 이유로 소극적 대응으로 일관하고 있다. 미국은 독자적으로 대북 제재를 지속 강화하는 추세다. 북한이나 여타 국가들은 강제성이 없는 안보리의 제재보다는 '세컨더리 보이콧(Secondary Boycott)'을 행사하는 미국의 독자적인 제재를 더 두려워하는 것으로 알려져 있다.

우리 역시 국제 합의에 비교되는 한계를 어떻게 해소할 것인지 보다 현실적이고 적합하게 논의할 필요가 있다. 남한을 대상으로 한 사이버 공격이 보다 정밀하고 고도화된 방식으로 급증하고 있다. 적극적인 대응이 무엇보다 중요하지만 지금의 대응은 역행하는 수준이라고 할 수 있다. 사이버 안보와 위협에 대한 현실적인 인식이 필요하며, 미국과 동일한 수준은 아니더라도 '안보' 문제를 우선시해야 할 것이다(신유리, 2022).

참고문헌

박진아(2019). "인공지능 저널리즘의 법적 쟁점". ≪과학기술과 법≫, 1권 2호, 119~154.

성봉근(2022). "Cyber상의 위험과 재난으로부터 자유와 안전을 보장할 제어국가의 법적 규제: 헌법적 국가관의 정립과 행정규제의 현대화". ≪국가법연구≫, 18권 2호, 135~172.

신유리(2022). "북한의 대남 사이버범죄 동향과 대응체계 구축 제도화 방안 연구". ≪한국공안행정학회보≫, 90호, 141~184.

양천수(2018). "현재 지능정보사회와 인격성의 확장". ≪동북아법연구≫, 12권 1호, 1~26.

이희옥(2021). "저널리즘에서 인공지능 활용과 기본권 보호". ≪미디어와 인격권≫, 7권 1호, 153~191.

Cody, E. M.(2019). "Legal litmus test: Using defamation reform to determine the proper approach for fixing the fake news problem". 44 U. *Dayton Law Review*.

Park, J.(2021)."The Lazarus Group: The Cybercrime Syndicate Financing the North Korea State". *Harvard International Review, Spring Issue: Cambridge, 42*(2), 34~39.

09
AI의 페이크 뉴스

AI의 산물인 딥페이크는 진짜로 착각할 수 있는 가짜 영상을 만들기 위해 총력을 다해 이미지와 동영상을 합성하고 조합해 대체 첨가하는 방식의 응용프로그램을 말한다. 조작된 매체를 통해 진위 여부를 판단할 수 없는 허위 영상을 누구나 위조하는 것이다. 최근 각종 현안에서 정치인을 이용한 딥페이크 가짜 뉴스가 여론 조작에 이용되고 있다.

AI의 가짜 뉴스 환각

인류의 역사에서 허위 정보는 동서고금에 걸쳐서 존재했다. 양치기 소년의 장난으로 시작한 거짓말이 자신의 생명을 잃게 한 참담한 결과의 우화부터 시작해 옥타비아누스가 카이사르의 후계자가 되기 위해 거짓말을 퍼트려 안토니우스를 이겼던 사례까지 거짓말의 전례는 끊이지 않았다. 그런데 유별나게 오늘날 이 거짓말은 '가짜 뉴스', '허위 조작 정보', 또는 '허위 기만 정보' 라는 이름으로 회자되고 있다.

오늘날 언어를 처리하는 AI의 발전 및 힘의 증대로 인간의 편익보다는 위험성이 커지지 않을까 하는 우려감이 생겨나고 있다. 특히 인간만이 할 수 있다고 생각해 오던 언어를 능숙하게 구사하게 된 생성형 AI는 세계적으로 '가짜 뉴스'의 생성과 유포를 활성화할 수 있다는 문제의식을 만들어 냈다.

전통적인 언론을 대신해 인터넷 기반의 다양한 소통 채널이 발달하고 그 영향력이 커지면서 사회 소통의 지형이 변하고 있다. 여기에 딥페이크나 딥보이스와 같은 AI 기술이 합해지면서 진짜 같은 가짜가 생성되고 있다. 아울러 인간의 인지능력으로 진실인지 거짓인지 판단하기 어려운 정보 유통이 심각한 사회적 문제로 대두하고 있다.

또한, 정갈한 글쓰기와 세상 그 누구보다도 엄청난 자료를 단시간에 읽을 수 있는 대규모 언어 모델(LLM)에 기반한 생성형 AI가 결합하면 그 힘이 어떤 결과를 가져올지 상상하기 어렵다. 누군가가 특정 의도로 사실을 왜곡한 내용의 정보를 생산하고 유통하는 경우만 문제가 되는 것이 아니다. 그러한 의도 없이도 생성형 AI 스스로가 허위를 생산해 낼 위험이 있기 때문이다. 이른바 'AI의 가짜 뉴스 환각' 문제다. 이것은 마약에 취한 사람처럼 진실이 무엇인지 판단을 흐리게 하며, 여론을 조작할 뿐이다(고인석, 2024).

가짜 뉴스에 대한 합헌적 규제

4차 산업 환경에서 디지털 미디어가 급속도로 발전했다. 기존의 지면 뉴스가 인터넷 온라인으로 쉽게 제작되고 유통과 소비되는 구조로 신속하게 변화했기 때문이다. 그뿐만 아니라 SNS와 동영상 플랫폼(Video Sharing Platform) 등에서 지원되는 AI 및 신기술은 가짜 뉴스를 더욱 빠르게 확산하거나 진실을 조작하거나 유도된 편향을 가속화 할 수 있다. 이른바 필터 버블(Filter Burble) 현상의 '현실화'라고 할 수 있다. 이러한 문제는 이들 플랫폼을 통한 데이터 및 알고리즘의 수집과 활용으로 기술 패러다임을 구현하고 있는 오늘날 매우 현실적인 현상이다.

AI는 플랫폼 내의 빅데이터를 수집하고 처리와 활용하는 전 과정에서 AI 및 그 저변 기술에 의해 생성된 콘텐츠를 학습하고 재생산함으로써 데이터화(datafied)하고 알고리즘을 적용한다. 최근 등장한 생성형 AI는 플랫폼 내의 거대한 정보를 경제적으로 학습하고 재생산할 수 있다. 여기서 가짜 뉴스의 확산이나 편향이 강화될 수 있기 때문에 법정책적 대응이 시급한 실정이다(이희옥, 2023).

가짜 뉴스 규제는 현재 SNS와 AI 제반 기술에 기반한 규제의 기준이나 정도 등을 결정하는 것이 중요하다. 플랫폼은 자유 공간으로서 개인의 인격 발현과 표현의 자유가 증진되는 곳이다. 근래 AI와 저변 기술의 발전은 플랫폼에 기계적 생성물이나 그에 기반한 표현물이 대량으로 작성되고 유통될 수 있는 여지를 남긴다. 디지털 환경 내 모든 정보의 진위 판단을 개인의 합리적 의사결정능력에만 의존한다면 가짜 뉴스의 폐해를 막기 어려울 것이다.

특히 데이터와 알고리즘에 기반한 AI는 빠른 속도로 인간 저널리스트를 대신해 수용자와 상호작용하면서 새로운 알고리즘과 데이터를 생산해 낼 수 있다. 이에 검증 절차 및 정정 또한 즉각 반영되어야 하는 부담이 있다. 아울러 AI는 전례 없는 투명성의 원칙을 요구받고 있다. AI과 같은 신기술을 악용해 만든 가짜 뉴스에 대응하기 위한 민간기업의 기술 협조가 필수적이지만, 개별 동영상이나 콘텐츠 등 생성물에 대한 제한 여부를 민간 자체적으로 판단하게 하거나 이에만 의존해서는 안 될 것이다. 규제 기구 혹은 공적이며 객관적인 판단을 할 수 있는 자율적인 정책 기구라고 할 수 있는 플랫폼 공간에서 표현물에 대한 적절한 기준을 제시할 수 있어야 한다.

가짜 뉴스에 대한 탐지력

현재 국내의 다양한 웹사이트가 팩트 체크 서비스를 제공하고 있다. 대표적으로 'SNU FactCheck'는 서울대학교 언론정보연구소에서 운영하고 있다. 협력 언론사들에 의해 검증된 내용을 일반인들에게 공지하는 것이 목적이며, 여기에서 검증한 결과는 총 6가지로 구분된다. '전혀 사실 아님', '대체로 사실 아님', '절반의 사실', '대체로 사실', '사실', '판단 유보'가 그것이다.

또한 국내외를 막론, AI 기반의 가짜 뉴스 탐지 연구가 활발히 진행되고 있다. 가짜 뉴스 탐지라는 목적은 같지만 탐지하고자 하는 가짜 뉴스 정의에 따라 다양한 방안이 있다. 해외에서 제안한 가짜 뉴스에 대한 탐지 방안으로는 '가짜 뉴스 문맥과 비슷한 기사'를 가짜 뉴스로 정의하고 기사 내용을 CNN(Convolutional Neural Network) 모델에 학습시켜 가짜 뉴스를 탐지하는 모델 'DeClarE'가 있다.

제안 알고리즘의 자동화를 위해 기사 검색을 할 때 선택한 기사 중에 가짜 뉴스가 포함될 수 없도록 검증 기사 검색 기법에 대한 보완이 필요하다. 또한 가짜 뉴스의 출처 및 날짜 정보를 활용해 가짜 뉴스가 많았던 시간대의 검증 기사 선택 비율이 낮아지도록 개선해야 한다. 아울러 검증 기사의 선택에서 온라인 기사만이 아니라 소셜미디어, 법률, 공공기관의 데이터 등에서 검증 내용을 추가해 검증할 수 있는 영역을 넓혀가야 할 것이다(한윤진 · 김근형, 2021).

참고문헌

고인석(2024). "인공지능 환각, 가짜 뉴스". ≪타우마제인≫, 2024년 1월, 152~159.

김민정(2019). "가짜 뉴스(fake news)에서 위조작정보(disinformation): 가짜 뉴스 규제 관련 국내 법안과 해외 대응책에 나타난 용어 및 개념정의 비교". ≪미디어와 인격권≫, 5권 2호, 43~81.

박주현(2018). 『가짜 뉴스』. 커뮤니케이션북스.

이희옥(2023). "가짜 뉴스에 대한 합헌적 규제를 위한 고찰". ≪유럽헌법연구≫, 43호, 279~311.

장성훈(2021). "소셜미디어, 허위조작정보 그리고 법적 규제". ≪시민정치연구≫, 3호, 71~77.

조재현(2020). "가짜 뉴스와 공직선거법상 규제에 관한 고찰". ≪공법학연구≫, 21권 1호, 57~83.

한윤진·김근형(2021). "검증 자료를 활용한 가짜 뉴스 탐지 자동화 연구". ≪정보처리학회논문지/소프트웨어 및 데이터 공학≫, 10권 12호, 569~578.

House of Commons Digital, Culture, Media and Sport Committee(2019). "Disinformation and 'fake news': Final Report". *Eighth Report of Session 2017–19*, 10~18.

10
ESG에 AI 접목하는 기관·기업

최근 기업들은 챗GPT 등장 이후 전개된 AI 열풍을 타고 ESG(환경, 사회 지배구조)경영에 큰 관심을 가지고 있다. 기업 ESG 평가에 AI를 활용할 뿐 아니라 탄소 감축이나 사회 공헌 활동에 AI 기술을 접목하는 사례가 증가하고 있다. AI가 우리 사회의 ESG 전환 속도의 가속화에 큰 변수로 작용한다는 분석이다.

AI 활용의 리스크 측정

기업의 환경(Environment), 사회(Social), 지배 구조(Governance)에 대한 경영 활동 평가 지수(ESG)는 신용 등급 불일치에 큰 영향을 미치고 있다. 최근 지속 가능 경영(Sustainability Management)에 대한 중요성이 대두하면서 국내는 물론 국외에서도 ESG 성과 정보 활용에 대한 실무계의 변화가 있었다. ESG 성과 평가는 기업의 환경 친화적 활동 및 사회적 활동, 지배 구조 측면을 종합적으로 평가해 공시하고 있다. 이러한 ESG 성과 평가는 국내의 법 · 제도 또는 국제 규범 등을 활용하고 기업의 내부 · 외부 이해관계자들과의 소통 및 주요 이슈 등으로 기업을 둘러싼 비재무적인 정보를 종합적으로 고려해 평가하기 때문에 기업 경영 환경 개선에 기여할 것으로 예상된다(강민지 · 배성호, 2023).

ESG 평가 기관 서스틴베스트는 2023년 6월 AI를 활용해 실시간으로 ESG 평판 리스크를 측정하는 모델 '서스틴 레피'를 출시했다. 서스틴 레피는 AI 언어 모델 버트(BERT)를 활용해 하루 수천 건에 달하는 텍스트 데이터를 분석할 수 있다. 기업별 산업재해는 물론 환경 사고, 횡령 등 부정적인 사건, 탄소 중립 선언과 같은 긍정적인 사건들을 실시간으로 정확하게 파악하고 분석한다는 것이다.

서스틴베스트의 정다솜 선임연구원은 "레피는 주가와 ESG 평판이라는 관계를 시각적으로 보여 줌으로써 어떠한 기업에서 ESG 사고가 발생했을 시 주가 변동이 있는지, 어떤 기업이 가장 빠르게 회복하는지 등을 쉽게 파악할 수 있는 서비스"라며 "향후에 ESG 평판과 주가 관계를 분석해 한국 시장에 가장 적합한 ESG 투자 전략의 개발을 목표로 한다"고 밝혔다.

지금까지 비계량 요소에 의존해 온 ESG 평가는 사람이 직접 진행해 분석의 정확도와 속도가 떨어진다는 지적이 많았다. 인간의 개입 정도가 높은 만큼 객관성이 결여된다는 의심이 끊이지 않았던 것도 사실이다. 그러나 서스틴베스트의 사례와 같이 AI 활용의 범위가 확대되면 소규모 인력으로도 기업과 투자자가 원하는 정보에 대해 만족할 수준의 정보를 제공할 수 있을 것이다. 또한 많은 기업에 대한 ESG 분석 속도가 획기적으로 신속해질 수 있다. 인간의 주관적 개입의 여지가 줄어들게 되므로 객관성을 확보할 수 있을 것이다.

AI에 의한 탄소 배출 저감률 향상

기업들은 탄소 배출 저감을 위해 AI 기술을 적극적으로 활용하고 있다. SK하이닉스는 탄소 배출 저감과 효율적인 전력 관리를 위해 AI를 활용하는 데 심혈을 기울이고 있다. 냉동기와 외기조화기(OAC) 등 주요 설비에 AI와 디지털 기술을 접목함으로써 전력 효율을 향상시키겠다는 목표를 세우고 있다. 기업의 운영 비용을 절감하는 동시에 탄소 배출량도 저감할 수 있다는 것이다. SK하이닉스는 2030년까지 사용 에너지를 누적량 기준 3000GWh를 절감하겠다는 목표를 세웠다. SK하이닉스는 SK텔레콤과 합작해 저전력용 AI 반도체 사피온에도 투자하고 있다.

삼성SDS는 챗GPT와 같은 생성형 AI기술을 활용한 탄소 배출량 추적을 연구 중이다. 또한 삼성SDS는 물류 예약에서부터 운송, 트래킹, 정산까지 한 번에 처리할 수 있는 디지털 플랫폼 '첼로스퀘어'를 운용하고 있다. 여기에 AI 기술을 활용한 탄소 배출량 추적, 데이터 분석 등의 기능이 추가될 계획이다. 물류 사업에서 발생하는 전력량은 물론 탄소 배출 관리의 효율화를 위해 큰 도움이 될 것이다.

SK텔레콤은 AI 푸드 스캔 기술을 활용하고 있다. 식기 반납 퇴식구에 푸드 스캐너와 같은 센서를 설치해 음식물 쓰레기 배출량을 실시간으로 조사, 분석하는 시스템이다. 식당 입구에는 대시보드를 설치해 음식물 쓰레기의 발생 현황과 함께 잔반 제로 달성 횟수를 표시해 모든 구성원이 이를 눈으로 직접 확인해 환경에의 기여 효과를 인식하게 하고 참여를 장려한다는 것이 회사 측의 설명이다. SK텔레콤에 따르면 최근 약 3개월간 캠페인을 진행했는데 그 결과 669kg이라는 탄소 저감, 393kg의 음식물을 절감하는 데 기여했다고 한다. 이 기술은 SK그룹 전체로 확대해 나가고 있다.

탄소 배출의 감축을 측정하기 위해 AI를 이용하는 스타트업도 있다. 스타트업 오후두시랩은 탄소 배출량 측정부터 보고 · 저감 방안 제시까지 한 번에 지원할 수 있는 AI 기반 탄소중립 플랫폼 '그린플로'를 출시했다. 이는 몇 번의 클릭만으로 탄소 배출량을 가시적으로 확인할 수 있는 완전 자동화 서비스다. 탄소 배출량 산정은 복잡하고 어려운 절차와 막대한 비용이라는 한계를 넘어야 하는데 AI를 활용한다면 그 과정에서 많은 시간과 비용을 획기적으로 절약할 수 있다.

노인, 치매 환자 돌보는 AI

사회 공헌 활동에 AI를 활용하는 기업도 늘어나고 있다. SK텔레콤은 노인 치매 환자를 위한 AI 돌봄, AI 콜 서비스를 운용 중이다. AI 돌봄 서비스는 독거노인 삶의 질 개선을 목표로 삼아, SK텔레콤과 중앙정부, 지자체, 사회적 기업 등이 협력하는 사업이다. 실제로 SK텔레콤과 협력 단체들은 AI 스피커 누구(NUGU)에 기반한 ICT 케어, SOS 긴급구조, 방문 · 상담 등을 진행 중이다. 사회복지사의 돌봄 업무에 필요한 데이터도 제공하고 있다.

AI 기술을 활용한 어르신의 심리 상담도 지원한다. AI 스피커가 노인들이 사용하는 단어를 분석해 부정적인 언어가 심각할 정도로 다수 감지되는 경우 상담사가 방문한다. 노인이 일상에서 갑자기 부정적인 감정 단어를 사용할 경우 이를 우울, 고독, 안정감, 행복감 등 네 가지 항목으로 분류한 다음 일주일 단위로 관리한다. 이후 방문간호사는 선별된 노인을 직접 방문해 초기 평가를 진행하며, 우려가 되는 경우 심리 상담사에게 연결한다. SOS 긴급 구조도 효과를 보고 있다. 가령 노인이 긴급 상황에 처하게 되면 "살려 줘"와 같은 말 한마디로 119 관제 센터에 자동으로 연결돼 상황을 전달하게 된다.

KT는 베트남 등 개발도상국에 AI를 활용한 의료 교육 플랫폼을 제공할 계획이다. KT 의료 교육 플랫폼은 베트남어 기반으로 진료 과별 한국의 명의로 구성된 최신 강의, 웨비나, 강사나 의사와의 1:1 질의응답, 현지 오프라인 세미나와 교육, 오프라인 세미나 등 다시 보기 서비스도 제공한다. 또한 KT는 베트남의 현지 병원과 온·오프라인으로 공동 세미나를 추진하거나 협의 중이다.

KT는 국내 의료진이 직접 방문해 베트남 의료 시설에 AI를 이용한 선진 의료 기술을 전해 주겠다는 목표를 갖고 있으며, 이것이 향후 사업 발전에도 기여할 수 있다는 관측이 나온다. 의료 기술 전수와 함께 KT 의료 플랫폼의 베트남 정착을 이루겠다는 의도다. KT는 베트남 주변 국가로 활동 확장을 계획하고 있다. 활동 범위를 인도차이나 및 동남아의 섬 국가로까지 확대한다는 입장이다(성상훈, 2023).

참고문헌

강민지·배성호(2023). "기업의 환경·사회·지배구조 요인(ESG)이 신용등급 불일치에 미치는 영향". ≪사회적 가치와 기업연구≫, 16권 2호, 213~249.

고희경·안동휘·서용구(2021). "ESG 환경경영 : 블랙야크 스타일". ≪상품학연구≫, 39권 3호, 77~86.

성상훈(2023). "ESG 전환 가속화 이끄는 인공지능". ≪모바일한경≫, 2023. 7.7.

Cornell, B. & Shapiro, A. C.(2021). "Corporate Stakeholders, Corporate Valuation and ESG". *European Financial Management, 27*(2), 196~207.

정시구

선문대학교 역사문화콘텐츠학과와 선학유피대학원대학교 평화NGO학과의 전임교수를 역임했다. 현재 왕성한 연구 활동을 하고 있다. 총신대학교 신학대학원 재학 중 일본으로 유학해 와세다대학교 정치대학원에서 정치학 석사를 취득하고 박사 연구 과정에서 수학했다. 귀국해 단국대학교대학원에서 조직관리학 박사를 취득했다. 『복잡계로 바라본 CPND ICCT 생태계』(공저, 2015), 『한국과 동아시아 지방자치제도의 이해』(공저, 2022), 『신통일한국NGO』(2021), 『평화NGO학 연구』(2020) 등과 "3.1운동 유관순열사정신으로 본 발전적 한일관계정책 고찰: 일본에서의 유관순열사정신선양대회를 중심으로"(2024, 등재지) 등 인문학적 측면에서 약 50편의 저서와 논문을 게재했다.